Winston Churchill

Collection Naissance d'un destin

Dirigée par Henry Dougier et Michel Boyer

Quels héritages, quels paysages, quels événements ont marqué l'enfance et l'adolescence de personnages de pouvoir emblématiques du XXe siècle ? Quels signes dans leur trajectoire annoncent un destin singulier ? Comment s'est forgée, aux commencements, la personnalité de ces hommes et de ces femmes à l'image mythifiée ?

« L'enfance est le tout d'une vie, puisqu'elle nous en donne la clef. »
François Mauriac

Illustration de couverture : Le lieutenant Winston S. Churchill, officier de cavalerie, Quatrième Hussards, 1896, détail. *Photo Imperial War Museum.*

ROLAND MARX

Winston Churchill

Enfance et adolescence

Éditions Autrement **Naissance d'un destin**

Nous ne voulons pas la guerre ; mais, par Jingo, si nous l'avons
Nous avons des canons, nous avons des vaisseaux,
Et nous avons des hommes...
Chanson chauvine de caf'conc', à l'origine du terme « jingoïsme », 1878

Ils peuvent construire leurs navires, mes garçons,
Et croire qu'ils connaissent les règles du jeu,
Mais ils sont incapables de produire les hommes
De la race du bulldog,
Celle qui a fait la réputation de la Vieille Angleterre
Chanson de caf'conc', années 1890

Prologue

Du socle au monument

Tourné vers l'horloge de Big Ben, face au Parlement de Westminster dont, dans les pires années de la Seconde Guerre mondiale, il respecta pleinement le pouvoir souverain, Winston Churchill est représenté légèrement voûté, soutenu par une canne. Il semble savourer sur son socle la pérennité d'une gloire et d'une influence qu'aucun homme d'État britannique, avant et après lui, ne connut à un degré supérieur. Pourtant, son génie ne fut jamais sans failles, et ses biographes sont sans cesse partagés entre une école de « révisionnistes », décidés à le dévorer de leurs plus belles dents, et une cour d'hagiographes, souvent disposés à ignorer ou à minimiser ses indéniables erreurs.

C'est qu'il fut, en son plus jeune âge, l'homme des contradictions. Dès son engagement dans diverses formes de la vie active, il se permit des errements et des orientations qui dénotent à tout le moins une forte personnalité, un caractère, une précoce vision individuelle du monde : c'est vrai au cours de sa courte carrière militaire, un moment complétée par celle de correspondant de guerre, cela reste tout aussi évident quand il accède aux premières marches de son « métier » politique. Élu à vingt-six ans aux Communes, quelques mois avant la mort de la reine Victoria, il se sent porté par un destin exceptionnel.

La rapidité fulgurante de son ascension ultérieure, accomplie dans les rangs du parti libéral à partir de 1904, lui vaut de fait, après un modeste siège ministériel quand il atteint ses trente et un ans, de prestigieux postes dans le cabinet Asquith : à partir de ses trente-trois ans au Commerce, puis à l'Intérieur, avant l'Amirauté qu'il dirige à trente-six ans. Il doit son envol en partie à ses attaches familiales, mais, selon ses partisans, aussi, pour l'essentiel, à un prestige promptement acquis et à des mérites vite reconnus.

Les attaches aristocratiques de sa famille, issue, du côté paternel, d'une branche cadette de l'illustre dynastie des Marlborough, l'ont fait naître avec « une cuiller d'argent dans la bouche » et, selon l'expression anglaise, l'ont destiné à gouverner *(« born to rule »)*. La parentèle et les amitiés constituent alors des soutiens inégalables au sein d'une société élitaire et à une époque où les citoyens moins bien placés dans une hiérarchie sociale quasi « naturelle » manifestent souvent leur « déférence » envers les élites. Les médiocres doivent cependant davantage compter sur une vie mondaine brillante et des emplois au mieux honorifiques qu'aspirer aux premiers rangs : ce fut le cas du cousin de Winston, « Sunny », duc de Marlborough. Évoquer les ascendants de Winston Spencer Churchill ne suffit pas : les qualités individuelles de notre héros et l'écho de ses actions ont joué un rôle essentiel dans son ascension publique.

Le XXe siècle lui vaudra bien des responsabilités décisives. Il a encouragé la course aux armements navals avant 1914, il a eu la gloire de parachever en 1924-1925 la guérison des finances publiques, il a défendu des positions originales en matière impériale et internationale au cours des années 1930. Chef de guerre, entre 1940 et 1945, il se hisse au niveau de héros de sa nation. Dans les années qui suivent la Seconde Guerre mondiale, il est d'abord chef de l'opposition avant de reprendre en 1951-1955 les rênes d'un cabinet conservateur. Président du mouvement européen britannique avant 1951, il a répandu sa vision de la nécessaire unité de l'Europe.

Vouloir tout ramener, de ses décisions comme de ses prises de position, à des choix de jeunesse serait faire fi d'une vertu fondamentale des hommes d'État anglais, que Churchill invoqua sans discontinuer : le pragmatisme, couplé au rejet d'idéologies contraignantes. Ce serait vouloir ignorer les fruits de l'expérience, des succès comme des échecs, et vouloir transformer le siècle des mutations les plus considérables de l'histoire des hommes en un « temps immobile ». Churchill a connu deux guerres totales, des révolutions messianiques, le heurt de systèmes, l'explosion démographique mondiale, l'implosion successive des empires de toute nature, les bouleversements des techniques, des économies, des sociétés.

Il le dit fort bien dans l'ouvrage qu'il a consacré en 1930 à ses jeunes années *(My Early Life)* :

« J'étais un enfant de l'époque victorienne... En ce temps, les forces dominantes en Grande-Bretagne étaient très sûres d'elles-mêmes et de leurs doctrines. Elles se voyaient en position d'enseigner au monde l'art du gouvernement et la science de l'économie. Elles ne nourrissaient aucun doute sur leur suprématie maritime et, en conséquence, sur la sécurité extérieure de leur pays. Quelle différence avec l'image de notre époque de craintes et de doutes ! »

Sa jeunesse a coïncidé avec la grandeur et la gloire d'un pays encore considéré comme un des géants du monde. C'est toujours le temps des « entrepreneurs », même si, avec les décennies, le dynamisme économique des héritiers de grandes entreprises fut sans doute affaibli par un croissant esprit de jouissance. On cultivait aussi alors le souvenir de « héros » relativement proches, et les manuels scolaires contribuaient à entretenir ou à forger les mémoires.

Certaines figures dominaient cet Olympe. William Pitt le Jeune, implacable et efficace adversaire de Napoléon Bonaparte, et Wellington, le vainqueur de Waterloo, un court moment Premier ministre, et, à la fin de sa vie, commandant en chef de l'armée, trônaient parmi les anciens. Palmerston, député et ministre à vingt-trois ans, responsable des Affaires étrangères pendant quinze des vingt et une années qui vont de 1830 à 1851, avait été l'inspirateur d'une orgueilleuse politique extérieure : on citait son affirmation, en 1850, que le *civis britannicus* était le nouveau *civis romanus*, et on glosait sur ses mérites de Premier ministre au cours de la décennie 1855-1865. William Ewart Gladstone, son successeur à la tête du parti libéral, lui aussi parlementaire à vingt-trois ans, Premier ministre pendant quatorze des vingt-six années qui vont de 1868 à 1894, avait voulu être le prophète éloquent d'un monde fondé sur la justice et le concert des nations, et, si on discutait ses mérites devant le jeune Winston, c'était sans nier son extraordinaire charisme politique.

Son brillant rival, Benjamin Disraeli, député à trente-deux ans, plusieurs fois chancelier de l'Échiquier entre 1852 et 1868 avant de devenir l'incontestable chef du parti conservateur, deux fois Premier ministre, en 1868 puis en 1874-1880, créateur d'une lignée aristocratique, celle des comtes de Beaconsfield, et l'ami véritable de la reine Victoria, avait été un esprit imaginatif autant que réaliste, il avait su doter son parti, à l'âge de la démocratisation indispensable, d'un nouveau programme alliant la tradition, le réformisme social et le patriotisme teinté d'impérialisme ; se référer à son exemple était une quasi-obligation, mais aussi l'effet d'une sincère admiration chez les contemporains de lord Randolph comme de son fils Winston.

Le marquis de Salisbury, son successeur en 1881 à la tête des tories, aussi adroit leader de l'opposition que Premier ministre avisé en 1886, mais surtout au cours de ses douze années au pouvoir sur les quinze écoulées de 1887 à 1902, devait son autorité à des talents largement reconnus de son vivant : sa connaissance sans égale des relations internationales, ses stratégies politiques habiles, ses réussites, dont le mariage entre son parti et les unionistes, transfuges du parti libéral, sa foi impérialiste lucide, mais déterminée.

Le jeune Winston connut directement ou par ouï-dire familial les plus récents de ces « grands » et il fut souvent amené à invoquer l'exemple de l'un ou de l'autre. Ces carrières, dont il eut une connaissance plus intime qu'aucun autre, ont forgé son imagination, lui ont sans doute inspiré la conviction que des individus pouvaient guider leur peuple vers un destin qu'ils savaient mieux discerner que l'homme du commun. De moins chanceux, pourtant non moins capables, au premier rang desquels son père Randolph, ont enrichi sa galerie de modèles politiques. La jeunesse de nombre d'entre eux au début de leur vie publique a peut-être été à la source d'impatiences mal contenues et d'un « arrivisme » de jeune homme qui a frappé, voire choqué, certains de ses contemporains.

Le souvenir et le culte des grands hommes ne sont pas tout et ne suffisent pas à « expliquer » Churchill. Il a eu la capacité d'affronter précisément des environnements différents et de s'adapter à des situations inimaginables quelques brèves années avant leur manifestation. Demeurent immuables pourtant sa fidélité à un certain nombre de principes de la vie publique et son attachement, en particulier, à la démocratie, en Grande-Bretagne sous sa forme monarchique, sa foi dans les destinées mondiales de sa patrie et dans la fermeté des liens nécessaires entre toutes les grandes communautés anglo-saxonnes, son rejet de tout pacifisme de démission et, sans le culte de la force, sa constante volonté de préconiser les armements indispensables à la défense des valeurs et des situations d'intérêt national. Et puis ce mélange de traits de caractère contradictoires, l'obstination, le goût de l'éclat, la capacité de décision, le courage, la tendance à refuser toute médiocrité, fût-ce en cédant à l'enflure de conceptions parfois hâtivement adoptées, l'acceptation inlassable du travail, parfois dans le rejet du loisir et des plaisirs.

Ainsi s'impose une problématique qui avait déjà conquis notre héros lui-même. Dès 1930, il publie *My Early Life*[1] et

1. Londres, Collins, rééd. Fontana Books 1959, 10ᵉ édition, 1972 ; l'ouvrage est dédié à « une nouvelle génération ».

s'efforce de retrouver, au prix d'une quête dans ses souvenirs, menée « avec franchise et en toute simplicité », et d'une « investigation minutieuse dans les archives en [sa] possession », les points de vue qui l'avaient inspiré aux diverses étapes de sa jeunesse. Il jugeait alors que son œuvre était susceptible d'intéresser la nouvelle génération. Il ne se trompait pas : en 1972, on en était à la douzième édition anglaise de cette autobiographie. Le récit de Churchill apporte un irremplaçable témoignage. On n'est évidemment pas tenu de le suivre sans réserves ; toute autobiographie, fût-elle fondée sur une exceptionnelle mémoire et une documentation sans rivale, est une reconstruction du réel et, même inconsciemment, une autojustification d'actes auxquels est prêtée une logique impeccable ; parfois la coquetterie d'une autocritique fait passer l'outrecuidance d'autre jugements.

En ce sens, *My Early Life* fait bien suite à nombre d'autres ouvrages, les premiers centrés sur les campagnes militaires aux Indes, au Soudan, en Afrique australe, sans compter son unique roman, *Savrola*, publié au début du siècle. Chaque fois, en le reconnaissant ou sous le masque de la fiction, Churchill s'est dépeint et a commencé à sculpter l'image qu'il souhaitait léguer aux générations futures, la plus appropriée surtout à favoriser l'avancement de sa fortune politique.

Ses œuvres laissent en fait aux historiens la charge et la responsabilité de faire le tri et la tâche d'analyser objectivement ce que fut la formation d'un « constructeur » de notre monde contemporain. En 1993, pas moins de vingt-neuf spécialistes de renom, sous la houlette de Robert Blake et de Wm. Roger Louis, se sont ainsi regroupés pour publier une « réévaluation » monumentale de la vie et de l'action de Churchill dans le temps et dans l'espace[2]. En nous bornant à suivre ses jeunes années, nous n'aurons pas l'outrecuidance de dire *la* vérité. Mais l'approche du personnage en un temps où il n'a pas encore façonné ni peaufiné sa propre légende permettra sans doute de ne pas succomber à la fascination d'une image fabriquée avec tant de génie par le modèle lui-même. Tel sera le sens de cet essai. Il est conforme aux principes mêmes de la collection dans laquelle il s'insère.

2. Robert Blake and Wm. Roger Louis ed., *Churchill, A Major New Assessment of his Life in Peace and War*, Oxford, Clarendon Press, 1993 et 1996.

Naissance « anglo-saxonne » et enfance britannique

Sujet d'un grand empire

Lorsque Winston Churchill vient au monde, Victoria règne depuis trente-sept ans sur un Royaume-Uni alors au sommet de sa puissance ; elle gouverne un empire « sur lequel le soleil ne se couche jamais », elle est la souveraine de la première des nations industrielles du globe, née au machinisme et à la production de masse avant toute autre, pour seize ans encore la première au monde pour la richesse. L'enfant aura deux ans quand, à l'occasion d'un grandiose *durbar*, à Delhi, le 1er janvier 1877, la reine d'Angleterre devient le successeur des Grands Moghols en se faisant proclamer impératrice des Indes.

Sa jeunesse coïncidera certes avec ce que l'historien considère comme le début du déclin (relatif) de la Grande-Bretagne, de plus en plus victorieusement concurrencée sur les marchés du monde par les États-Unis et l'Allemagne. Mais les contemporains ont eu surtout l'impression de vivre, entre 1873 et 1896, une crise économique passagère, même si elle fut de longue durée, et l'âge victorien tardif, le dernier quart du siècle, est encore celui de la splendeur. Winston a fêté les deux jubilés de Victoria, celui d'or en 1887, celui de diamant dix ans plus tard, il a apprécié l'amour croissant d'un peuple pour une souveraine identifiée soudain à la fin de sa vie à un certain ordre familial et national et à une grandeur exaltante. Il a connu le respect des pays étrangers envers la « grand-mère de l'Europe » : parmi ses « petits-fils » présents en 1897, figure l'empereur allemand Guillaume II. Sa jeunesse a coïncidé avec un zénith de la puissance du « gendarme des mers » : en 1897, invité à la grande revue navale du jubilé, à Spithead, Guillaume se convainc définitivement que la grandeur de l'Allemagne ne serait réelle que si, à sa suprématie continentale, il ajoutait la capacité de rivaliser avec l'Angleterre sur les mers et les océans.

On est à l'âge des empires, et les mappemondes sur lesquelles on dessine en rouge les terres de domination britannique excitent l'orgueil des masses, converties à l'impérialisme et persuadées que le destin du royaume est de porter partout la civilisation et d'offrir aux jeunes des lieux d'émigration et d'établissement ; les riches se satisfont de développer les économies indigènes pour le plus grand profit de la métropole. La bonne conscience coloniale est bien souvent celle des gouvernants, c'est celle aussi des Églises et de leurs sociétés missionnaires, c'est celle des éducateurs de toute sorte. Cet environnement glorieux est parfois dénigré par des Français qui, à l'instar d'un Victor Bérard en 1900[1], veulent percevoir les guenilles sous

1. *L'Angleterre et l'impérialisme*, Paris, A. Colin. Cf. p. 381 : « Britannia fait encore

les atours rutilants de Britannia : qu'avaient à faire les générations victoriennes de tels jugements « envieux » ? Winston ne cachera pas, plus tard, sa nostalgie des grandeurs passées.

John Bull est alors le symbole du bourgeois anglais prospère et repu ; il incarne les classes moyennes, par ailleurs si conquérantes de pouvoir et d'argent. Mais, du petit au grand bourgeois, on rencontre surtout une déférence envieuse à l'égard de quelques centaines de familles de la haute aristocratie et de quelques dizaines de milliers d'autres d'une noblesse de moindre rang : la moitié du sol anglais leur appartient et elles semblent perpétuer, avec la tradition, les gloires du passé et du présent. Les Churchill appartiennent aux classes dites « supérieures ». Winston, comme son père, a pu paraître à certains moments un progressiste social et, obstinément, l'âge de la retraite venue, il refusera l'anoblissement ducal proposé par Élisabeth II ; de là à renier l'héritage de droits et de devoirs qui constituent la justification même de l'existence d'une noblesse, il y avait un pas, qui n'a été franchi ni par Randolph ni par Winston.

Une famille aristocratique

Siège de la dynastie des ducs de Marlborough, à Woodstock, le château de Blenheim constitue le Vaux-le-Vicomte de l'Angleterre. Hippolyte Taine s'y est promené lors de son

grande figure. Mais l'humanité n'a plus confiance ; elle se détourne de cette grandeur déchue. »

séjour de 1861-1862 et il a rapporté ses impressions dans ses *Notes sur l'Angleterre*[2] :

« J'ai vu, près de Woodstock, Blenheim-castle, au duc de Marlborough. C'est une sorte de Louvre, donné jadis par la nation au grand capitaine, bâti au style du temps, très ornementé. Plusieurs salles sont hautes comme des nefs d'église ; la bibliothèque a cent mètres de long ; une chapelle intérieure renferme le monument du fondateur ; une galerie expose les portraits de famille ; une autre contient les porcelaines, plusieurs autres les tableaux - Le parc a deux milles [plus de trois kilomètres] de tour : arbres magnifiques, large cours d'eau traversé par un pont monumental, colonne qui porte la statue du premier duc, cabinet particulier contenant, sous le nom de Titien, douze copies, *Les Amours des dieux*, voluptueuses figures de grandeur naturelle, offertes par les princes d'Italie au vainqueur de Louis XIV ; dans les appartements, des Reynolds, cinq ou six grands portraits de Van Dyk *(sic)*, une Madone de Raphaël, dix Rubens, où la sensualité, la fougue, l'audace, le génie débordent comme un fleuve en splendeur et en énormités. Deux sont des bacchanales... Je n'oserais décrire le troisième tableau, le plus poignant de tous, d'une crudité sublime..., *Loth et ses deux filles* - Mais je me suis oublié, les souvenirs m'ont remonté comme une bouffée chaude. Tout ce que je veux conclure, c'est que ces grandes fortunes héréditaires sont des conservatoires préparés pour toutes les belles choses. Au bout de quelques générations, un château, un parc devient *(sic)* un écrin. »

Cet écrin, Winston le fréquentera jusqu'à sa mort, il en fera

2. Dont nous utilisons la réédition par l'auteur en 1874 (Paris, Hachette), p. 204-205.

à plusieurs reprises, en particulier au temps de la Seconde Guerre mondiale, sa résidence des instants de moindre tension ; il ne connaîtra pas tous les tableaux cités par Taine : beaucoup ont été vendus du temps de Randolph pour faire face à des dettes criantes. Mais ce « conservatoire » a marqué l'esprit de tradition de toute sa famille. Quant au parc, il fut le lieu de bien des jeux de l'enfant avant de devenir un lieu facilement accessible aux membres de la famille.

Le château de Blenheim : le berceau de la famille. *D.R.*

C'est là que son père, Randolph Churchill, fils cadet du septième duc, a achevé, dans les premières années 1870, de jeter sa gourme de brillant étudiant de l'université d'Oxford, située à quelques kilomètres du palais de ses ancêtres ; son rang lui ouvre les plus brillantes perspectives d'avenir, même si, ébréchée, la fortune familiale ne lui promet au départ que des revenus relativement maigres. En 1874, il est élu aux Communes sans le moindre mal dans la circonscription « patrimoniale » de Woodstock, qui jouxte le château et qu'il représentera jusqu'à ce que la réforme électorale de 1885 la raye de la carte et oblige l'élu à émigrer à Paddington.

De l'autre côté de l'Atlantique, un homme d'affaires new-yorkais aussi génial qu'aventureux, Leonard Jerome, passe sa vie à faire fortune et à se ruiner, dans des spéculations hasardeuses. Fondateur du Jockey Club américain, grand turfiste, mécène, yachtman, un temps consul des États-Unis à Trieste, Leonard Jerome n'est certes pas une personnalité banale. Sa femme et ses trois filles n'en souffrent pas trop, que les années 1870-1874 trouvent en voyage à travers l'Europe. La rencontre de la famille Jerome et du descendant d'une si exceptionnelle dynastie se produit en 1873 comme le plus ordinaire des faits divers mondains, à l'occasion d'un bal au cours duquel Randolph tombe éperdument amoureux de l'une des sœurs Jerome, Jenny, alors dans sa vingtième année.

Les épousailles entre aristocrates anglais et héritières d'outre-Atlantique sont loin d'être rares dans l'histoire contemporaine du Royaume-Uni ; redorer son blason est un objectif qui ne suscite aucun opprobre. Pour sa part, Leonard Jerome, c'est peu de le dire, n'est pas le moins du monde hostile aux projets dont l'entretiennent les jeunes gens. Conscient qu'un mariage d'amour se fonde aussi sur la raison, il promet de constituer à sa fille une rente annuelle de 2 000 livres, joli chiffre que n'atteignent pas même alors un demi pour cent des familles anglaises.

Du côté des Marlborough, on est pourtant réticent : Randolph, âgé de vingt-cinq ans en 1874, est encore bien jeune pour se marier, et, surtout, la fortune américaine que l'on agite en appât semble de médiocre aloi. Célébré à l'ambassade britannique à Paris, le 15 avril 1874, le mariage le sera en l'absence remarquée des parents du marié, qui se bornent à ajouter 1 000 livres aux rentes du ménage. On s'apercevra vite qu'il n'était plus temps de tergiverser : Winston Leonard *Spencer* (patronyme, devenu prénom, d'un ancêtre autorisé en 1817 à relever le glorieux nom des Churchill) naît « prématurément » sept mois plus tard au château de Blenheim.

Le duc et la duchesse ne leur en veulent pas, la naissance à Blenheim est celle du premier de leurs petits-fils. La nouvelle grand-mère n'en cherchera pas moins à accréditer la thèse d'un accouchement accéléré par un léger accident et survenu à une date imprévue. Il n'a pas déplu pourtant au fils probable de l'amour d'évoquer à l'occasion ce témoignage de l'impatience sexuelle de jeunes gens que le code moral victorien n'avait manifestement pas suffisamment corsetés. On souligne aujourd'hui le miracle ou la chance exceptionnelle qui valut à Jenny et à ses deux enfants, Winston et John (dit « Jack »), d'échapper à la maladie vénérienne dont leur époux et père souffrait depuis 1873 et qui condamnera, vingt ans plus tard, celui qui était alors l'un des plus brillants hommes d'État conservateurs à une rapide déchéance physique et mentale.

Pour Winston, à l'âge des enthousiasmes et des réflexions, rien ne paraîtra plus important que sa double ascendance anglo-saxonne, et on peut légitimement relier à l'origine de ses parents l'une de ses conceptions politiques durables : la vision d'une grande fraternité des « peuples de langue anglaise », de part et d'autre de l'océan. À partir du début du siècle, il se rendra fréquemment aux États-Unis et il n'a jamais eu à feindre le sentiment de rendre visite à une branche de la grande famille britannique.

En haut : La parentèle de Winston, Mrs. Jerome et ses filles.
À droite : Mrs. Everest, la nourrice.
À gauche : Winston, un jeune gentleman de quatorze ans.

En quête d'affection

Winston et John ont vécu l'enfance typiquement réservée à la progéniture des familles riches. Celles-ci, à un niveau de revenus annuels de 3 000 à 4 000 livres, se seraient estimées déshonorées d'employer moins de seize à vingt domestiques. Les Churchill ne firent jamais passer leurs soucis d'argent avant la nécessité de « tenir » leur rang dans le monde : à sa mort, Randolph laissera quelque 70 000 livres de dettes contractées auprès de la banque Rothschild. Jenny, veuve en 1895, dilapidera en moins de dix ans le capital que lui a légué son père.

Winston, perpétuellement confronté au problème de l'argent dès qu'il fut en âge d'en dépenser... et d'en attendre, hérita de ses parents la propension à dilapider et à emprunter, mais il dut peut-être à son ascendance américaine l'énergie qu'il mettrait à trouver sans cesse de nouvelles occasions de grossir ses revenus, en particulier en utilisant son talent de plume.

Les premières années des enfants de Randolph et Jenny dépendirent, affectivement, de la qualité des nourrices, des gouvernantes et des précepteurs que l'on préposa à leur service et à leur éducation. Si Winston a dit sa terreur à l'annonce de l'arrivée d'une gouvernante et s'il a évoqué l'intransigeance d'une première préceptrice dont les leçons et les sanctions étaient invariablement approuvées par sa mère, il s'est remémoré ailleurs avec attendrissement sa nourrice, Mrs. Everest ; elle fut sa protectrice et sa confidente. Ses lettres à Winston, alors qu'il a dix-sept ans et séjourne à Paris, témoignent d'un véritable amour maternel de substitution.

Le 26 décembre 1891, elle lui envoie ainsi cette missive que n'aurait pas désavouée une véritable mère[3] :

« Mon Winny chéri,

J'ai reçu deux lettres de vous ce matin et c'est un vrai soulagement d'apprendre que vous êtes bien...

J'espère que vous allez essayer d'être heureux. Vous allez voir des gens que vous connaissez et vous vous sentirez plus content...

Merci beaucoup, très cher, de m'avoir acheté un cadeau ; il n'est pas encore arrivé. C'est bien gentil à vous, mais vous savez, mon agneau, que j'aimerais mieux que vous ne dépensiez pas votre argent pour moi. Avez-vous donné les 5 livres à garder ? Il faut qu'elles vous durent longtemps, aussi faites bien attention et ne les laissez pas filer trop vite. Vous ne savez pas ce dont vous pourrez avoir besoin. Je vous écrirai encore - dès que je recevrai votre cadeau. Soyez gai, mon vieux, amusez-vous et essayez d'être content, vous avez beaucoup de choses dont vous pouvez être reconnaissant si vous y réfléchissez ; et imaginez comme ce sera bien de pouvoir *parlez-vous français (sic)...* »

Winston, dans *My Early Life*, rapporte les circonstances de la mort de sa nourrice. Elle avait soixante-deux ans, il était dans sa vingt et unième année. « Elle avait été mon amie la plus chère et la plus proche pendant toutes les vingt années que j'avais vécues... » Il insistait sur les difficultés que l'âge lui avait apportées. Ce n'était pas là démagogie tardive pour faire montre de philanthropie à l'égard des pauvres ; en 1893 déjà, il s'est élevé contre la décision de sa famille de lui donner

---

3. Extrait de la lettre publiée in Randolph S. Churchill, *Churchill*, trad. fr., I, Paris, Stock, 1968, p. 178-179.

congé. Dans une lettre à sa mère, il souligne alors qu'« Everest est plus que n'importe qui d'autre associée dans ma pensée avec la maison, elle nous aime Jack et moi plus que n'importe qui au monde ». Et Winston de s'inquiéter de la pauvreté de sa nourrice et des immenses difficultés que lui vaudrait la recherche d'un autre emploi et d'un logement ; il fait appel « à la justice et à la générosité » des siens !

Robert Rhodes James[4] a retrouvé dans le roman de Churchill, *Savrola*, ce qu'il considère, à juste titre semble-t-il, comme un véritable portrait de Mrs. Everest en celui de la nourrice du héros :

> « Elle l'avait soigné dès sa naissance avec une dévotion et une attention sans relâche. C'est là quelque chose d'étrange, que l'amour de ces femmes ! Peut-être s'agit-il de la seule affection désintéressée au monde. La mère aime son enfant ; c'est sa nature maternelle. Le jeune adolescent aime son amie de cœur ; cela également peut être compris. Le chien aime son maître ; celui-ci le nourrit. Un homme aime son ami ; celui-ci s'est peut-être tenu à ses côtés en des instants difficiles. À tout cela, il est des explications sensées. Mais l'amour d'une mère nourricière pour l'être dont elle a la charge apparaît totalement irrationnel. On a là l'une des rares preuves, inexplicables même par une association d'idées, que la nature de l'humanité l'emporte sur le simple utilitarisme, et que hautes sont ses destinées. »

Du côté paternel, l'ambiguïté est de règle. Randolph, si romantiquement épris au moment de son mariage, et devenu

4. *Churchill, A Study in Failure, 1900-1939*, Harmondsworth, 1970, Penguin Books, 1981, p. 5. TdA.

à partir des années 1880 un mari trompé et un amant repoussé, affronta l'épreuve en se raidissant dans son orgueil d'homme politique et en sublimant tout sentiment dans une passion dévorante du bien public au service de son parti et de l'État. Il avait par ailleurs hérité d'une conception autoritaire des relations d'un père à ses enfants et eut peu de peine à se conformer aux préjugés et aux pratiques de l'époque dans son milieu social. Certains historiens, qui se transforment non sans audace ni sans risque en psychanalystes de patients défunts, ont cherché à utiliser les outils d'aujourd'hui et à découvrir les recettes permettant de comprendre en quoi la révolte du fils contre le père et les frustrations de l'un et de l'autre avaient contribué à la formation de la sensibilité et du caractère « churchilliens » ! L'abondante correspondance échangée entre père et fils, les lettres envoyées à Jenny par le jeune Winston, pour être de fait communiquées à Randolph, témoignent de la réalité des sentiments affectueux de l'un envers l'autre et d'une attention paternelle constante dès lors que la santé de l'aîné de ses fils ou ses projets d'avenir étaient en jeu. Parfois la rudesse de ton est étonnante : ce sera le cas lors de la difficile entrée de Winston à Sandhurst, à dix-huit ans, qui lui vaut une terrible admonestation paternelle, le 9 août 1893[5] :

> « Je suis assez surpris du ton exultant que tu prends à propos de ton inclusion sur la liste de Sandhurst. Il y a deux façons d'être reçu à un examen, l'une honorable et l'autre qui est tout le contraire. Tu as malheureusement choisi la dernière méthode et sembles fort satisfait de ton succès...

5. Randolph. S. Churchill, *op. cit.*, p. 200-201, extrait.

Je n'ai jamais reçu de rapport vraiment satisfaisant sur tes études, ni des professeurs, ni des répétiteurs auxquels tu as eu affaire. Toujours à la traîne, n'avançant jamais dans ta classe, t'attirant d'incessants reproches pour ton manque total d'application... Ces traits constatés dans tous tes bulletins viennent de porter leurs fruits dans ton dernier examen.

Avec tous les avantages que tu avais, avec toutes les capacités que tu crois sottement posséder et que certains membres de ta famille te reconnaissent..., voilà donc le meilleur résultat : tu sors parmi les garçons de 2e et de 3e rangs qui ne sont bons que pour des commissions dans un régiment de cavalerie...

Si tu ne peux pas renoncer à la vie paresseuse, frivole et vaine qui a été la tienne pendant tes années d'école et pendant ces derniers mois, tu deviendras un déchet social, un des milliers de ratés des public schools et tu tomberas dans une existence minable, malheureuse et inutile... »

C'est le même père pourtant qui, au mois de janvier précédent, informé à Dublin d'un grave accident survenu au jeune Winston, tombé d'un pont au cours d'un jeu, était accouru, ramenant avec lui « le plus grand chirurgien de Londres », cependant qu'aux dires de la victime « d'éminents spécialistes conféraient autour de [son] lit ». « Plus tard, quand je fus en état de comprendre, je fus à la fois stupéfait et flatté par le chiffre énorme des honoraires qu'on leur avait versés. »

Dans la longue biographie de Randolph que Winston publiera en 1906 aux États-Unis et l'année suivante en Angleterre, l'admiration du fils pour le père ne fait en tout cas pas le moindre doute, au-delà de la subjectivité évidente de certaines de ses réflexions politiques. Citons la conclusion de l'ouvrage[6] :

> « Dans sa nature comme dans sa politique, tous les éléments nécessaires à la ruine comme au succès se trouvaient rassemblés... Il fut pleinement fidèle à tous ses engagements. Devenu membre du cabinet, il pensa et dit le même genre de choses que précédemment sur les affaires étrangères et domestiques, sur les armements et le budget, sur l'Irlande et sur l'Égypte. Une fois sa démission donnée, éloigné à jamais du pouvoir, il continua à les répéter. Les espoirs qu'il avait soulevés dans le peuple, les promesses qu'il avait faites, les grands soutiens reçus et le respect qu'on lui témoigna semblaient requérir de sa part des efforts exténuants. Et quand tous ces efforts eurent échoué, il en paya sans hésiter le prix...
>
> Il existe une Angleterre qui domine de cent coudées les masses bien disciplinées mises en condition par les machines partisanes et qui est capable de saluer par des applaudissements appropriés les paroles de ses chefs de file reconnus ; une Angleterre d'hommes de sagesse qui contemple sans remords particulier les échecs et les folies des deux partis politiques... C'est cette Angleterre qui fit écho aux appels de lord Randolph Churchill ; ce fut cette Angleterre qu'il fut si près de rallier ; c'est cette Angleterre qui lui rendra justice. »

Bien entendu, tout, dans cette oraison funèbre, n'est pas à prendre au pied de la lettre : son auteur, passé en 1904 du clan des conservateurs à celui des libéraux, a ensuite tout intérêt à faire valoir la supériorité du citoyen que n'aveugle pas l'esprit

---

6. Winston S. Churchill, *Lord Randolph Churchill*, Londres, éd. MacMillan, 1907, p. 822-823.

de parti. Mais l'ensemble de la biographie témoigne de la dette de son auteur envers celui qui lui a inspiré réflexions et élans. Randolph, rebelle au sein de son parti au point d'y conduire une fraction « sociale » et impérialiste, incapable de maîtriser ses impatiences et de se réconcilier avec Salisbury après une brouille retentissante, avait brillé au firmament conservateur dans le courant des années 1880 et au début de la décennie suivante, considéré par beaucoup comme un Premier ministre putatif.

Sa « traversée du désert », à partir de 1886, n'est pas sans rappeler l'orgueilleux isolement auquel ses certitudes conduiront le Winston Churchill des années 1930. La maladie ne permit pas au père les revanches que l'histoire ménagea à son fils. Ce dernier - c'est une remarque de Robert Rhodes James - ne cessa de courir après une « image » de son père, s'entretenant de lui avec ceux qui l'avaient le mieux connu, tels lord Rosebery jusqu'à sa mort en 1929 ou encore lord Fitzgibbon ; et sa quête n'aura jamais pris véritablement fin.

Jenny, sa si brillante mère, au caractère volontaire, était fière de ses ascendances américaines, se targuant même d'ancêtres iroquois. Elle n'entendit jamais se borner au rôle de « madone du foyer » et voulut être davantage qu'une parure. Consciente de la maladie de son mari à partir de 1881, à la suite d'une première crise, elle réagit en se détachant de lui et en se lançant dans un tourbillon de fêtes mondaines et dans une vie amoureuse qui lui valut d'être créditée d'un nombre impressionnant d'amants ; parmi eux le prince de Galles, le futur Édouard VII, sur lequel elle semble avoir conservé une influence durable, bien après la fin de leur passade amoureuse. Elle fut à la source de scandales, dont les moindres, aux yeux du monde, ne furent pas, après quelques années de veuvage, ses successifs remariages : en 1900 - elle avait alors quarante-cinq ans - avec Cornwalis-West, dont elle divorça en 1915, et en 1918, à soixante-quatre ans, avec le richissime Montagu Porch. À chaque fois son nouveau conjoint était plus jeune qu'elle de vingt ans.

De Jenny, Winston, évoquant son enfance, affirme garder le souvenir d'une « princesse des fées », dotée de richesses et de pouvoirs sans limites. Il manifesta très jeune, alors qu'il vivait en pensionnat, des chagrins exaltés lorsque sa mère ne consentait pas à le voir revenir pour de courtes vacances ou se refusait à venir lui rendre visite ; il souffrit de ce qu'il considéra comme des rejets et qui, dans l'esprit de Jenny, si l'on en croit sa correspondance, tenait à sa ferme volonté maternelle que son fils mûrit et ne se comportât plus en « bébé ». Cependant, ni sa vie mondaine, ni ses amants, ni ses nouveaux époux, ni ses soucis financiers n'écartèrent jamais la mère de son fils : une abondante correspondance témoigne de sa tendresse pour son fils aîné, de l'influence qu'elle exerça sur lui, tout comme, Winston en plein âge adulte, de l'amour constant et souvent exigeant de celui-ci : il put compter sur ses démarches innombrables en sa faveur au temps de sa brève carrière de soldat et de correspondant de guerre et sur un dévouement sans failles, que ne limitaient que de récurrentes difficultés financières.

Le monde du pensionnat

Quel enfant fut Winston ? À près de cinquante-quatre ans, et cherchant alors à dater ces impressions, il semble croire à sa relative précocité : ce serait au cours du séjour des Churchill en Irlande, où Randolph avait suivi son père en tant que secrétaire, donc de 1876 à 1879, entre l'âge de deux et cinq ans, qu'il aurait amassé de premières et durables impressions. Il cite pêle-mêle : des parents brillants, amateurs de chasses à courre et de longues promenades à cheval ; sa propre passion soudaine, au temps de la guerre des Zoulous, contre ces indigènes coupables de tuer « tant de braves soldats britanniques » ; sa fierté que son grand-père, le duc, soit alors le vice-roi de l'Irlande, et son palais le centre d'une étincelante vie mondaine.

Que les Irlandais aient semblé insensibles à ce faste et que les plus humbles n'aient pas davantage rendu hommage à l'esprit charitable de sa grand-mère n'a peut-être pas favorisé plus tard, dans son inconscient, une sympathie particulière envers les nationalistes de la verte Érin : mais on remarquera qu'envers l'Irlande, préjugés et incompréhensions étaient alors le lot commun de la majorité des Anglais ; le jeune Winston se fait l'écho de sentiments qui, de toute manière, lui seraient inculqués par ses précepteurs et ses maîtres ; peut-être également l'attitude de l'enfant reflète-t-elle la peur et l'antipathie qui semblent avoir constitué les grandes réactions d'Everest, constamment en garde contre d'éventuelles actions terroristes de *fenians*. Il devra aussi à l'héritage des idées de Randolph sur la nécessité de préserver à tout prix l'union du royaume l'essentiel de ses propres thèses sur l'Irlande. Il n'est donc pas impossible qu'il ait antidaté ses réactions personnelles. Quoi qu'il en soit, garçonnet choyé mais sans véritable ami, il gardera de son séjour à Dublin ce souvenir lumineux : la naissance en février 1880 de son frère Jack, que son père, se souvenait-il des décennies plus tard, était venu personnellement lui annoncer et pour lequel son affection demeurera constante.

Quelques portraits de famille illustrent les débuts dans la vie du petit Winston : la première photographie, où il apparaît en compagnie de sa mère, date de 1876 et permet de discerner dans l'enfant âgé de deux ans et habillé en fillette les lèvres boudeuses qui semblent attester de son entêtement résolu. En 1879, à Dublin, on a un petit homme à la veste étroite et au nœud papillon proéminent, qui, du haut de ses cinq ans, contemple, un peu figé, un monde que sa bonne santé apparente ne lui rend certainement pas effrayant. En 1881, il est à nouveau en compagnie de lady Randolph, qui tient dans ses bras son frère Jack, lequel a à son tour toutes les apparences de vêtement et de coiffure d'une petite fille ; l'aîné, garçonnet en costume de marin, quelque peu joufflu, s'exerce à regarder dans le lointain.

Dans la vie de tout enfant bien né, et depuis deux siècles au moins, la grande coupure se faisait vers l'âge de sept ans : de la chaleur du foyer on passait à la discipline d'un pensionnat, à la tutelle de maîtres et à l'entrée dans une société d'enfants et d'adolescents ; le temps était venu de former son esprit et son caractère et de se frotter aux premières réalités de l'ordre social. Bien évidemment, au jeune Winston s'ouvrait la noble voie des études élitaires. Il se remémore ses réactions à l'événement, même si, dans un récit publié cinquante ans plus tard, les réflexions de l'homme mûr altèrent inévitablement la pureté du souvenir[7] :

---

7. *My Early Life*, *op. cit.*, p. 16-17.

Lady Randolph, Winston et son jeune frère Jack, vers 1881. *D.R.*

« J'ai déjà fait mention de ma terreur à l'apparition dans mon monde de "la gouvernante". Mais, à présent, un péril bien pire pointait à l'horizon. Je devais aller à l'école... Je devais quitter la maison pendant des semaines consécutives pour suivre les leçons des maîtres... Ce que j'avais entendu dire sur l'école avait provoqué une impression sans aucun doute désagréable sur mon esprit..., mais je n'en vivais pas moins avec excitation et agitation la perspective d'un si grand changement de vie. »

Ainsi s'amorce une vie scolaire qui sera marquée par bien des déceptions de ses parents et par tant de crises dans l'esprit de l'enfant. L'évoquer, c'est affronter le débat qui a inspiré tous les biographes de l'homme d'État et les a parfois opposés. Certains ont mis en exergue ses échecs scolaires pour mieux faire ressortir les qualités que ses maîtres n'avaient pas tuées en lui et qu'il développerait plus tard, dans un environnement différent ; d'autres, niant que le génie churchillien fût né des tribulations d'un véritable cancre, ont entendu réhabiliter les capacités intellectuelles de celui qui aurait, avec originalité et selon ses goûts, progressé sur les chemins d'une culture de bon aloi et fort riche. À la vérité, le jeune Winston Churchill a certainement été souvent dégoûté par le carcan éducatif que le monde victorien entendait imposer à ses futures élites, mais il a tout aussi sûrement démontré son intelligence et son goût et acquis un bagage culturel appréciable, souvent au prix d'un travail intensif.

Le récit qu'a laissé Winston de son entrée dans le monde du pensionnat a la fraîcheur du souvenir indélébile[8]. Les arguments donnés à l'enfant pour le convaincre d'accepter

---

8. *My Early Life*, *op. cit.*

l'inéluctable n'ont qu'un intérêt anecdotique. « On ne me consulta pas davantage sur l'éventualité de mon départ de la maison qu'on ne l'avait fait pour me mettre au monde. » Comme il se devait, l'école primaire choisie pour lui, St. Jame's, fut « l'une des plus recherchées et des plus coûteuses du pays » et elle était considérée comme un marchepied vers Eton, la plus prestigieuse des écoles privées. Dix élèves par classe - dans les écoles publiques ou confessionnelles, la moyenne, ces années-là, était encore proche de cent -, l'éclairage électrique, plus qu'exceptionnel alors, une piscine et des terrains de jeux pour le football et le cricket - ce qui correspondait au système éducatif fondé une quarantaine d'années plus tôt à Rugby par Thomas Arnold -, les maîtres en robe, une chapelle. La discipline la plus stricte, imposée aussi sous la forme plus ou moins sadique du châtiment corporel. Winston conservera dans toute leur fraîcheur ses émotions, faites de révolte, d'atterrement, de compassion, lorsque, comme tous les élèves, il prêtait de loin l'oreille aux cris que finissait par pousser telle victime de quinze à vingt coups de fouet assenés de toute la force du maître bourreau ! Huit heures de leçons par jour, sans compter les exercices physiques, le choc fut d'emblée rude pour un garçonnet de sept ans jusqu'alors élevé dans un cocon.

Souvenir cuisant : dès le début, l'exigence de l'apprentissage de mots latins et de déclinaisons, sans aucune justification évidente aux yeux d'un débutant assez « impertinent » pour soulever la question. Cinquante ans plus tard, évoquant cette introduction aux humanités classiques, Churchill disait avec humour : « On m'a dit et répété que nombre de nos hommes les plus intelligents en ont retiré bien des consolations et du profit. » L'école laissa à son élève une impression de « haine » et le souvenir de deux années d'une vie d'angoisse. Manifestement, ce régime scolaire ne lui convint pas et, en réaction, il traîna des pieds dans certaines matières, notamment en latin et en grec, et acquit la réputation de paresse et de médiocrité qui, si souvent, devait être la sienne par la suite.

Ses progrès scolaires furent pourtant manifestes dans certaines autres matières, l'histoire et la géographie notamment, et ses maîtres, au prix des mêmes comportements cruels qu'envers ses camarades, firent état dans leurs rapports de l'« amélioration » de son caractère, longtemps décrit comme indiscipliné, voire ouvertement rebelle. Déjà il cherchait à lire davantage ce qui le passionnait que ce qu'on voulait lui imposer et, involontairement, lord Randolph contribua à entretenir ces « coupables » plaisirs en lui offrant, à neuf ans et demi, *L'Île au trésor* de Stevenson. On peut souligner son goût précocement formé pour tout ce qui frappe l'imagination, des mondes lointains aux temps les plus reculés.

Tombé malade, Winston dut être, à dix ans, changé d'établissement et, pendant trois ans, dans une école bien moins réputée de Brighton, il put enfin apprendre, sous la houlette des sœurs Thomson, et en manifestant son soulagement de vivre dans ce nouvel environnement, ce qui l'intéressait : le français, l'histoire, la poésie (dont il retint de nombreux morceaux par cœur). Il ne négligeait pas les exercices physiques et surtout découvrait avec bonheur l'équitation et la natation. Sa nouvelle joie de vivre ne l'empêchait pas pour autant de supplier sa mère de l'accueillir à la maison ou de lui rendre visite, sa vigueur et son enthousiasme lorsque Jenny y consentait faisant de lui à ces moments, aux dires de sa mère, le plus turbulent des gamins. Ses lettres attestent qu'il suivait alors avec fierté les étapes de la carrière politique de son père, guettant les articles de presse ou les échos de ses déplacements.

Les choix de l'adolescent

À douze ans, un jeune victorien de bonne famille entamait le cursus secondaire qui le mènerait à ses dix-huit ans. On était alors très éloigné de tout schéma d'éducation secondaire de masse : Winston atteindra ses dix-sept ans avant que la loi Salisbury crée véritablement la gratuité de l'enseignement primaire, et il sera jeune député quand lord Balfour fera admettre, en 1902, la possibilité de subsides publics à des écoles secondaires. La masse, longtemps négligée, se voit offrir, à partir des années 1870, un enseignement élémentaire. Entre ces deux groupes, les « pharisiens », comme les appelle méchamment, en 1868, Matthew Arnold dans son *Culture and Anarchy*, sont des bourgeois et des fils de bourgeois auxquels on a inculqué les recettes d'une vie professionnelle réussie mais privée des joies de la véritable culture.

Après la préparation élémentaire, neuf écoles privées - que les Britanniques appellent « publiques » - accueillaient les fils de l'aristocratie et de la grande bourgeoisie, contribuant à mêler les héritiers de la grandeur passée et des loisirs mondains avec les fils d'entrepreneurs fiers de leur amour du travail et de l'effort, mais marqués aussi par leur goût immodéré de l'argent. Aux maîtres de fabriquer les *gentlemen* qui gouverneraient la nation, en s'inspirant des préceptes du pédagogue Thomas Arnold sur la formation du caractère, l'importance du sport et de la compétition, la nécessité d'allier les valeurs du corps et celles de l'esprit. À eux d'inculquer une culture encore largement fondée sur les « humanités » et un parler qui servirait de moyen de reconnaissance sociale, et donc d'identité, à ceux qui en auraient assimilé les intonations.

Les meilleurs seraient préparés à passer ensuite, vers dix-sept ou dix-huit ans, dans les glorieuses universités de Cambridge ou d'Oxford, ou encore dans les écoles de droit de Londres, en dédaignant les institutions supérieures plus récentes. Du médecin au philosophe, du physicien au fin lettré, ils poursuivraient leur modelage en hommes du monde cultivés et fréquentables par leurs pairs. Les passages par des écoles plus modestes et des enseignements plus spécialisés étaient envisageables pour peu qu'ils n'entraînent pas leurs élèves trop loin du tronc commun de l'élite.

Pour Winston, le problème ne se posait qu'en termes de choix de l'école. Une sélection à l'entrée, sous la forme d'un examen, était la pratique courante, mais, dans le cas d'un jeune aristocrate de son rang, et même si ses notes étaient loin d'être convaincantes, l'admission ne faisait pas problème. Candidat à Harrow, dont la localisation paraissait plus heureuse pour la santé d'un enfant relevant de graves maladies, qu'Eton, où plusieurs générations de Churchill avaient fait leurs études, il fut reçu, mais inscrit dans une filière d'élèves peu brillants. Privé, à sa grande satisfaction, pendant les premiers temps, des leçons de latin et de grec réservées à plus doués que lui, il affirmera plus tard que, sa matière principale étant dès lors l'anglais, il dut à cette chance « extraordinaire » de bien mieux connaître que d'autres son idiome national. Il rappellera également, non sans quelque naïf orgueil, que son exceptionnelle mémoire lui valut de remporter un concours au sein de l'école pour avoir récité sans faute douze cents lignes d'un ouvrage de l'historien Macaulay ; et enfin qu'il réussit sans mal son examen d'entrée dans une classe préparatoire à l'école militaire de Sandhurst. Il allait y passer trois des quatre années et demie de son séjour à Harrow : ce choix, déterminé en partie par son goût de la chose militaire (il possédait une énorme armée de soldats de plomb qu'il faisait manœuvrer contre les troupes de son frère Jack), doit beaucoup à la décision de son père, qui s'était convaincu que son aîné n'était pas destiné à une carrière d'intellectuel.

Quelle impression Winston donnait-il de lui, physiquement ? Une photographie de 1887 le représente en compagnie de son frère et d'un ami. Jack, debout, un canotier sous le bras, a une allure plus décidée que Winston, plus ou moins affalé et coiffé d'une casquette peu seyante. Deux ans plus tard, les deux fils entourent lady Randolph : les rôles ont été inversés, Jack a une posture câline de jeune garçon, quand Winston adopte, à quinze ans, une attitude légèrement protectrice et tendre. Photos conventionnelles, comme toutes les familles bourgeoises ou aristocratiques les souhaitent en ce temps, attestant de l'attachement supposé des uns et des autres aux valeurs familiales, elles confirment, sans plus, une éducation dans un cocon cossu et sécurisant.

L'édition anglaise de la biographie de Randolph S. Churchill nous montre Winston en élève de Harrow, photographié avec ses compagnons de chambrée en 1888 ou 1889, quand il a quatorze ans ; dans le strict costume noir rehaussé du faux col imposé à ces enfants, Winston, un peu isolé à la gauche de la photo, accoudé nonchalamment à une rampe, a l'air à la

Lady Randolph et ses deux fils, en 1889. *Photo extraite de « A Pitkin Guide »*, Sir Winston Churchill, *Pitkin Pictoriales, 1991.*

fois dégagé et ironique ; quelque peu solitaire, il tranche sur le sérieux de ses sept camarades. W. Manchester, pour la même période, a choisi une photographie individuelle : sa tête coiffée d'un haut-de-forme, redingote et pantalons impeccables, le bras droit légèrement arqué, Winston est bien le produit d'une grande école privée. De ses années dans la classe préparatoire, Winston se remémore surtout son différend persistant avec les langues anciennes, malgré les méritoires efforts du directeur de Harrow en personne, et sa dilection toujours marquée pour la langue anglaise. Elle lui permet, par un « intelligent » arrangement, d'échanger avec un camarade plus âgé la traduction de ses devoirs de latin contre la rédaction de dissertations littéraires ! En un temps où la réputation d'un médecin tenait autant à son comportement de gentleman et à sa culture humaniste qu'à ses compétences scientifiques, la carrière d'officier n'ignorait pas de semblables exigences : à l'examen d'entrée à Sandhurst, l'anglais et le latin figuraient à égalité avec les mathématiques en tronc commun obligatoire. Deux autres matières à option étaient requises ; Winston choisit le français et la chimie. N'ayant de dons que pour l'anglais et la chimie, il s'échina à se frotter aux mathématiques, doutant non sans raison de son aptitude à améliorer son score en latin et de sa capacité d'acquérir en Angleterre une connaissance suffisante d'une langue vivante étrangère. Deux fois de suite, ses progrès ne suffirent pas à convaincre les examinateurs de sa capacité d'intégrer Sandhurst. En janvier 1893, il avait obtenu 6 106 points sur les 12 000 possibles, il s'était classé 203e sur 664 candidats ; c'était insuffisant. D'où la décision de le retirer de Harrow et de le placer dans un centre préparatoire spécialisé, tenu par le capitaine W.H. James.

Avant d'entrer dans sa nouvelle école, Winston passa deux mois à se remettre du grave accident évoqué plus haut. Un vol plané par-dessus un pont, au cours d'un jeu, fit craindre pour sa vie et lui valut, avec une fracture du bassin, une longue convalescence.

L'école du capitaine James avait la réputation d'une sorte de « boîte à bachot », utilisant des méthodes de préparation qui, selon Churchill, aboutissaient invariablement au succès : « On disait qu'à moins d'être un idiot congénital il était impossible de ne pas être reçu de là dans l'armée. » Une correspondance régulière entre le capitaine James et la famille de Winston[9] démontre que le jeune homme fut souvent rebelle à une éducation quasi mécanisée. En avril 1893, dans un compte rendu à Randolph, James souligne que le travail de Winston n'est pas satisfaisant, et il émet quelques doutes sur son succès à l'examen « s'il ne consent pas à renoncer à tout [pour cela] ». Selon lui, et le détail est piquant, le jeune homme se laissait par trop distraire par la vie politique : c'était le moment où Gladstone, Premier ministre libéral, défendait aux Communes son nouveau projet de *Home Rule* pour l'Irlande, qui allait l'emporter à la Chambre basse pour sombrer en fin de compte devant l'opposition des Lords. En juin, pourtant, le capitaine James estime que Winston « travaille bien » et, effectivement, à la fin du mois, le succès récompense ses efforts : classé 95e sur 389 candidats, il le doit aux mathématiques, au français, à l'histoire d'Angleterre, à la composition anglaise et au dessin, mais il est loin de la moyenne en latin (362 sur 2 000) et n'a obtenu qu'une note médiocre en chimie.

---

9. Randolph S. Churchill, *op. cit.*

Son rang le qualifiait pour la cavalerie, mais non pour l'infanterie, arme de l'élite. La formidable colère de Randolph, lorsqu'il l'apprit, s'explique aussi par le coût impliqué par l'équipement, qu'il estimait à « quelque 2 000 livres supplémentaires par an » ; sans doute ce chiffre était-il largement surestimé, ou peut-être la colère fit-elle dévier sa plume, car, quelques mois plus tard, en septembre, quand le problème ne se pose plus, Randolph estime avoir évité une dépense de... 200 livres. À la lettre du père à son fils déjà citée, on peut ajouter ce que Randolph écrivit à sa propre mère : il y évoque « la mollesse au travail » de son fils, son inaptitude « à un travail régulier », et il doute qu'il ait « une grande intelligence » ; « Je ne vous cacherai pas, ajoutait-il, qu'il m'a beaucoup déçu. » Seul élément positif : « Après tout, il est arrivé à entrer dans l'armée et c'est un résultat dont aucun de ses cousins n'a été capable, mais c'est là une bien piètre consolation. » Cette dernière mention pourrait témoigner de l'affection éprouvée en réalité par le père envers son aîné.

En août, à la suite du désistement d'un certain nombre de reçus, Winston put intégrer en tant que cadet d'infanterie, mettant un terme au tourment financier de sa famille. Ce qui n'empêchera pas Randolph de refuser de lui verser la pension de 100 livres qu'il sollicitait, de fixer à 10 livres ce qu'il aurait besoin de dépenser pour son entretien, tout en se réservant de payer ses notes de vêtements et ses achats d'ouvrages ! Winston est alors dans sa dix-neuvième année. Il n'est plus un enfant et la suite de son éducation coïncide avec un premier choix de carrière : il va y démontrer les qualités et les défauts que ses jeunes années avaient déjà mis en valeur, en se trouvant confronté à une vie active, à des responsabilités et à des choix cette fois-ci personnels.

La brièveté d'une vocation militaire

L'attrait de la carrière des armes

À la tête de son armée de soldats de plomb, Winston enfant se voyait bien commandant en chef d'une autre armée, d'hommes en chair et en os. Il descendait du célèbre Marlborough, vainqueur des généraux de Louis XIV, il pouvait s'enthousiasmer de la gloire d'un Wellington, victorieux de Napoléon à Waterloo, se passionner pour les dures batailles de Balaklava et Inkerman en 1854, lors de la guerre de Crimée, se réjouir des victoires anglaises sur les Ashantis et les Zoulous en Afrique, sans oublier celle, décisive, de Tell el-Kébir en Égypte en 1882 et, oubliant l'humiliante défaite de Gordon au Soudan en 1885, applaudir aux succès, pourtant à confirmer, aux confins de l'Inde.

Sandhurst lui ouvrait, sans gloire excessive, la route vers le brillant destin que son imagination lui avait permis d'entrevoir. Devenu un homme d'État, il demeura toujours fier de ses penchants militaires, au point qu'à la fin de 1915, éloigné du cabinet par une grave crise politique, il prend, avec le grade de colonel, le chemin des tranchées sur le front des Flandres françaises. Mais, auparavant, il aura très vite renoncé à ses rêves et cherché ailleurs les voies d'une ascension dans la société.

C'est qu'il y avait au départ quelque imprudence pour un jeune ambitieux à choisir le rouge de l'armée plutôt que le noir et austère costume des serviteurs du droit, de la finance ou de l'État. Le Royaume-Uni était une puissance planétaire, mais, paradoxalement, aurait été bien en peine de défendre son territoire en cas de débarquement, ou de jouer dans une bataille sur le continent un rôle autre que de figurant. Depuis les incidents diplomatiques avec la France de Louis-Philippe en 1844, quand le prince de Joinville, fils du roi, avait joué avec l'idée d'un débarquement en Angleterre que les navires à vapeur autoriseraient rapide et sûr, jusqu'au succès des romans de George Chesney, *The Battle of Dorking* (1871), et d'Erskine Childers, *The Riddle of the Sands* (1902), qui désignaient l'Allemand comme l'envahisseur potentiel, l'opinion et les milieux politiques britanniques étaient sensibles au thème de l'infériorité militaire sur terre.

Au cours des années 1890, l'Allemagne et la France sont en mesure d'aligner chacune, hors mobilisation des réserves, cinq cent mille hommes, professionnels et conscrits : l'armée britannique compte en 1895 environ cent vingt-cinq mille hommes dans les bataillons métropolitains et cent vingt-quatre mille dans l'empire, les bataillons du dehors jumelés à ceux du dedans selon la formule des *linked batalions*, qui assure une rotation régulière des effectifs de la métropole et de l'outre-mer. À ces soldats de métier s'ajoutent en Grande-Bretagne quatre-vingt-dix mille réservistes et cent trente mille miliciens. Cultivant une tradition d'entraînement volontaire aux armes, deux cent soixante-cinq mille hommes à pied et douze mille cavaliers de la *yeomanry* (volontaires à cheval) gonflent des chiffres qui ne peuvent guère faire illusion tant l'entraînement et l'encadrement des uns et des autres sont négligés. Alors que le monde industriel connaît une véritable révolution des techniques d'armement, que les meilleurs experts considèrent que l'artillerie lourde et de campagne rend vaines les tentatives de guerre rapide, et meurtrières les batailles de type ancien utilisant les charges de cavalerie, les Britanniques s'aveuglent parfois devant leurs succès coloniaux et accordent une confiance excessive aux armes légères produites par leurs usines.

Tout le système de défense reposait en fait sur la puissance navale, considérablement accrue encore à partir de 1889, l'année qui voit aussi définir le *two-power standard* : la flotte du Royaume-Uni devait être l'équivalent de l'addition des deux plus puissantes forces navales classées après elle. Les navires de Sa Majesté garantissaient la sécurité des côtes du royaume et de l'empire tout entier et ils étaient en mesure de porter rapidement, à des milliers de kilomètres, une puissante force d'intervention et une redoutable capacité de feu par l'action conjuguée des armes de l'infanterie et de la marine.

Un cadet plus ou moins bien informé pouvait pourtant croire qu'il vivait l'époque d'une réforme des armées susceptible de modifier le cours des choses. À partir de 1868, et pendant six années, le secrétaire d'État à la guerre Edward Cardwell avait fait des choix nouveaux ; ses principes, qui comptaient la territorialité du recrutement et l'attache métropolitaine des régiments, commandaient encore la situation de 1893-1895.

On avait, à partir de 1887, centralisé les pouvoirs dans l'armée en soumettant tous les services au commandant en chef, en l'occurrence le duc de Cambridge, cousin de la reine, et seule l'impéritie de l'homme avait empêché de substantielles améliorations. Son remplacement (il était en poste depuis 1856) était dans l'ordre des prévisions raisonnables, même si aucune limite d'âge n'était imposée à ce niveau, et on pouvait en attendre de profonds changements... qui n'intervinrent pas, une fois la chose faite en 1895.

On note dans l'opinion britannique à l'égard de l'armée des courants très contradictoires. La peur de l'invasion nourrit quelques plaidoyers en faveur d'un renforcement des effectifs. Mais la plupart des libéraux sont des héritiers du XVIIe siècle et cultivent le souvenir de la dictature cromwellienne et de l'anarchie militaire qui lui a succédé. Contemplant aussi avec mépris les coups d'État militaires sur le continent, en particulier dans la France des Bonaparte, ils ont tendance à se féliciter de la faiblesse des effectifs permanents du Royaume-Uni ; on échappe ainsi aux ambitions de généraux félons, et c'est bien l'une des conditions de la survie des libertés fondamentales.

Les observateurs extérieurs sont attentifs à ces points de vue : un Victor Bérard[1], en 1900, s'en sert pour condamner la guerre des Boers et les risques qu'elle entraîne de favoriser l'avènement d'un « empire militaire », destructeur de ces libertés. D'autres grands idéologues, qui sont loin d'être oubliés à la fin du siècle, de Richard Cobden à John Stuart Mill, ont été tentés d'assimiler la carrière militaire, surtout prometteuse pour les cadets de grandes familles, à une forme inutile et nuisible

1. *Op. cit.*, p. 254-256.

d'assistance publique en faveur des classes supérieures *(« Outdoor relief for the upper classes »).*

Les débats restent vifs, et le jeune député Winston Churchill aura à s'exprimer sur ce thème. Auréolé de son succès à l'examen d'entrée à l'école militaire, il ne partage pas l'antimilitarisme de certains de ses contemporains et nourrit même bien des illusions sur l'avenir que lui vaudraient ses prouesses guerrières.

La formation d'un officier

Arrivé à Sandhurst, à quelques dizaines de kilomètres de la capitale, au début de septembre 1893 pour une scolarité de seize mois, Winston est plein d'enthousiasme. Ses premières lettres fourmillent d'anecdotes où s'entremêlent le constat souvent répété de la sévérité de la discipline, le regret devant la médiocre qualité de la nourriture servie au mess, la fierté d'avoir été affecté à une compagnie d'élite, la dureté physique de l'entraînement, son souci de travailler avec ardeur et de donner satisfaction, son manque récurrent d'argent. Son père, toujours aussi méfiant, le chagrine en refusant de le laisser venir rapidement en permission et en rejetant sa demande d'achat d'un cheval : deux semaines après son arrivée, Winston se plaint amèrement à Jenny de l'incompréhension de Randolph qui « continuera à [le] traiter en petit garçon jusqu'à cinquante ans ». En réalité, le père s'aperçoit du changement que Sandhurst produit sur le comportement de son fils et le

Winston Churchill de 1930 rapporte combien, en peu de temps, leurs relations s'étaient améliorées[2] :

> « J'acquis une nouvelle dignité aux yeux de mon père. J'avais le droit de sortir avec lui quand je venais en permission... Il m'emmena [...] à d'importantes réceptions politiques dans la propriété de lord Rothschild à Tring, où la plupart des dirigeants et quelques étoiles montantes du parti conservateur se réunissaient souvent... En fait, il me paraissait posséder la clef de tout ou presque tout ce qui était intéressant. Mais si je commençais à montrer la moindre tendance de camaraderie, il s'en offensait aussitôt... Eût-il vécu encore quatre ou cinq ans, il n'aurait pas pu se passer de moi...
>
> À présent, après que j'ai relu toutes les lettres qu'il m'écrivit, au prix de tant d'efforts, de sa propre main, conformément à l'usage du temps, j'éprouve l'impression que je n'avais alors pas suffisamment compris à quel point il pensait à moi et se préoccupait de mon sort. »

Dès ses années de formation militaire, on le voit, Winston n'était pas un cadet comme les autres et il était en mesure de bénéficier, par le jeu des relations mondaines, de bien des contacts utiles avec des hommes d'influence. De ses observations sur ses liens avec son père, on retiendra que, trois décennies après la mort de Randolph, le travail de deuil n'était pas achevé et que se manifestait encore l'immense regret de n'avoir pas eu davantage d'occasions de le rencontrer et de développer avec lui des liens ouvertement affectueux ; Randolph lui

2. *My Early Life*, *op. cit.*, p. 53-54.

paraissait sur le point de lui manifester enfin un amour paternel qu'il aurait jusque-là par trop réprimé.

Parmi les exercices préférés de Winston à Sandhurst, l'équitation figure au premier plan et une grande partie des disponibilités financières du jeune cadet allaient à la location d'un cheval. À partir de janvier 1894 déjà, il manifeste, dans une lettre à sa mère, son intention de renoncer à l'infanterie et de faire carrière dans la cavalerie. C'était aller contre le désir et les ordres de Randolph, lequel s'était entremis auprès du duc de Cambridge pour que son fils, une fois sorti de l'école, intègre un régiment de fusiliers fort coté. Jusqu'à la mort de son père, le conflit demeure total, quelque peu atténué par la prudence de Winston quand il s'agissait de soulever un problème.

Pourtant les arguments évoqués par l'élève officier n'étaient pas sans valeur : il montait excellemment, au point d'être parmi les mieux classés de Sandhurst dans les exercices équestres, alors que sa constitution ne lui promettait guère de progrès dans un régiment de marche ; et puis l'avancement était plus rapide dans la cavalerie ; et puis l'État paierait son cheval, tandis qu'un officier d'infanterie devait l'acheter de ses propres deniers ; et puis les cantonnements des officiers de cavalerie, en particulier en Inde, étaient très supérieurs en confort à ceux de leurs camarades de l'infanterie ; et enfin, il était entré dans les bonnes grâces du colonel Brabazon, commandant du 4e hussards à Aldershot, qui accepterait probablement de le prendre dans son régiment. La mort de Randolph, le 28 janvier 1895, pour douloureuse qu'elle parût, leva le dernier obstacle de taille au choix de Winston.

Il doit assumer à présent le rôle de chef de famille et une photographie le montre debout, strictement vêtu, le visage inexpressif, les coudes écartés, semblant dominer Jenny, désormais veuve ; il est devenu le chevalier protecteur de sa mère.

Au cours des trois trimestres passés à Sandhurst, il a obtenu des notes très honorables, le seul reproche grave adressé par ses examinateurs et ses chefs relevant de sa propension excessive à l'« inexactitude ». Entré quatre-vingt-douzième de sa promotion, sur cent deux candidats, il sort vingtième sur cent trente, avec de très bonnes notes en tactique et fortification, de moins heureuses en administration, en droit et en topographie militaires, et d'excellentes dans les exercices physiques, avec un 190 sur 200 en équitation.

Dès le début de février, une semaine après la mort de son père, Winston faisait les démarches nécessaires pour être nommé au 4e hussards, Jenny se chargeant d'obtenir du duc de Cambridge le changement d'affectation de son fils. Le commandant en chef voulut bien considérer que le 60e fusiliers n'était pas le seul régiment digne d'accueillir l'héritier d'une illustre famille et il donna les ordres nécessaires. Le 20 février 1895, le sous-lieutenant Churchill reçoit à Aldershot sa commission d'officier.

C'est le moment où il se fait photographier en uniforme chamarré, portant parfois - ainsi dans un hall de Blenheim - un shako sur la tête, toujours appuyé sur son épée d'officier - d'officier manifestement destiné à commander et à vaincre.

Dès sa prise de fonctions, même s'il ne mentionne aucun ami proche parmi les camarades qu'il retrouve ou fréquente, il remarque dans son régiment « beaucoup d'anciens de Harrow, tous très agréables et gentils ». Illustration, s'il en est besoin, du mode de recrutement des cadres des meilleures unités. Malheur au nouveau venu dont les attaches familiales n'étaient pas assez reluisantes, dont le revenu était modeste, ou les manières déplaisantes. Avec quelques-uns de ses camarades, Churchill est ainsi mêlé en 1896 à un fort médiocre scandale, l'affaire Bruce, du nom d'un jeune officier jugé indigne par ses collègues de devenir leur pair et sur lequel des pressions incessantes sont exercées pour obtenir sa démission ou sa demande de mutation. L'affaire s'envenimant, le père de Bruce alla jusqu'à accuser Winston de comportement homosexuel... et fut contraint à des excuses et à une indemnisation de 500 livres. Le journaliste Labouchère, dans *Truth*, dénonçait avec véhémence ce comportement de caste inadmissible, il y eut des interpellations au Parlement et les plus radicaux refusèrent d'accepter les résultats d'une enquête de commandement qui innocentait les « persécuteurs ».

La formation des nouveaux était prévue sur douze mois, et Winston travailla particulièrement dur. Les distractions mondaines apportaient des compensations appréciables : le polo, le steeple-chase, les réceptions étaient autant d'occasions de souder la caste des officiers.

Winston et ses amis avaient relevé que les 500 livres de pension que recevait Bruce ne lui permettraient pas de vivre décemment dans un tel régiment. Or, Churchill lui-même avait peine à disposer de ces revenus convenables. Son seul équipement et les frais entraînés par l'ameublement de sa chambre lui avaient coûté plus de 650 livres. Jouer au polo supposait de dépenser 100 livres pour acheter des poneys, Winston les empruntera au banquier Cox. Compte tenu de la faiblesse de la pension versée par sa famille, environ 300 livres irrégulièrement payées, et de la nécessité de renouveler fréquemment certaines pièces de vêtement ou d'uniforme, notre jeune

Le lieutenant Winston S. Churchill en officier de cavalerie du Quatrième Hussards, 1896. *Photo Imperial War Museum.*

officier dut, comme ses parents l'avaient toujours fait, contracter dette sur dette.

Les écarts de la « servitude » militaire

« Grandeur et servitude » devaient être, selon la définition d'Alfred de Vigny, le lot de l'officier : elles ne pouvaient pas convenir seules au tempérament du jeune Churchill. Winston, coqueluche de la haute société partout où il se trouvait, n'aurait pas imaginé de renoncer à des relations aussi brillantes qu'utiles. Sa mère était bien incapable de l'aider financièrement et il y avait peu à attendre de sa famille Marlborough, elle-même perpétuellement désargentée : tout au plus quelques opportuns cadeaux ponctuels, comme le cheval offert par la duchesse Lilian au jeune officier à son entrée dans la cavalerie. Le besoin poussait donc Winston à rechercher des sources de revenus supplémentaires, et la qualité de son style comme ses talents d'observation, joints à quelques recommandations bienvenues, lui permirent de proposer des articles, voire des ouvrages, à des journaux et à des éditeurs et de cumuler plusieurs métiers.

Ses succès de correspondant de guerre et d'écrivain occasionnels contribuèrent à lui faire voir la carrière militaire comme décidément moins prometteuse que d'autres, d'autant que sa renommée allait faire naître en lui, et dans l'esprit de certains dirigeants politiques, des perspectives nouvelles : le fils aîné de lord Randolph n'avait-il pas hérité de son père des qualités lui permettant toutes les ambitions et faisant de sa carrière des armes une malheureuse impasse ? Tel fut le ressort majeur qui explique la brièveté d'une orientation d'abord considérée avec enthousiasme, et d'une vie militaire que le jeune officier aura menée d'une manière très particulière : l'armée se révélait pour lui un tremplin, et le cumul des tâches et des revenus devint, par goût et par nécessité, sa règle de vie.

Cette double vocation, qui paraîtrait plus tard quelque peu étrange, bénéficia grandement des facilités accordées aux officiers : ils avaient droit à cinq mois de permission par an, dont dix semaines d'une seule traite. Utilisant une fois de plus son réseau de relations et prenant directement contact avec le nouveau commandant en chef, sir Garnet Wolseley, Churchill obtint de suivre la guerre de guérilla alors en cours à Cuba et d'y partir avec la bénédiction, et des informations préalables, du service de renseignements de l'armée. En même temps, il n'omettait pas de vendre par anticipation au *Daily Graphic* les « lettres du front » qu'il lui enverrait.

C'est au cours de ce déplacement qu'il effectue sa première visite à New York. Lors de son séjour, il se persuade, après s'être rendu sur un navire cuirassé, que « c'est le monopole de la race anglo-saxonne de produire de bons marins » et, partageant les stéréotypes de ce temps comme des décennies suivantes, il peint à son frère Jack une nation jeune et encore mal dégrossie :

> « ... La vulgarité est un signe de force. Les Américains sont un grand peuple primitif, jeune et vigoureux - pareil à un enfant turbulent et sain au milieu de messieurs et de dames dévitalisés et bien élevés... Représente-toi le peuple américain comme un grand jouvenceau robuste, qui piétine toutes les sensibilités, commet toutes les horreurs possibles dans le domaine de la

mauvaise éducation, qui ne respecte ni l'âge ni les bonnes traditions, mais qui vaque à ses affaires avec un cœur et une fraîcheur que pourraient lui envier les nations plus âgées. »

À vingt et un ans, le jeune Churchill paraissait ainsi prêt à confier à son pays le soin de guider ce cheval trop fougueux, mais aux vertus pratiques incomparables.

Le jeune homme a aussi insisté sur la dette qu'il a contractée envers un politicien new-yorkais, l'avocat Bourke Cockran, dont il a admiré sans réserve l'éloquence et les capacités d'enflammer un auditoire populaire. Outre des conseils précieux sur les connaissances qu'un homme d'État doit acquérir, Cockran, aux dires de Winston, a été son maître en rhétorique. Dans sa correspondance avec Winston, Cockran a de fait, parmi les premiers, prédit un brillant destin politique à son jeune disciple.

Le 20 novembre 1895, en compagnie de son ami et collègue Barnes, il finit par arriver à La Havane. Dix jours plus tard, admis au sein d'une colonne espagnole, il prend contact pour la première fois avec les réalités d'une bataille, en assistant aux côtés du général Valdez à celle dite de *la Reforma*. Sa participation, fût-ce au titre de spectateur, et sa présence en un endroit exposé lui valurent, du côté espagnol, la décoration de la Croix-Rouge, et de virulentes attaques des journaux américains et britanniques favorables à la cause des rebelles, et qui se déchaînèrent à la vue d'officiers britanniques « engagés » sur le front. La tempête devait s'apaiser rapidement, Churchill, dès son retour à New York, multipliant les interviews rassurantes.

Mais ses lettres au *Daily Graphic* et, l'année suivante, ses articles dans la *Saturday Review*, contribuaient à asseoir sa jeune réputation de correspondant de guerre et de fin observateur de la chose politique. Jenny envoya l'article de la *Saturday Review* à Joseph Chamberlain, qui y répondit par un vif éloge. De fait, capable de sympathiser avec la cause nationaliste, dont la popularité était évidente, Winston savait aussi montrer l'inefficacité militaire des armées en présence, et, surtout, exprimer les doutes les plus grands sur la capacité qu'auraient les rebelles, en cas de victoire, à gouverner le pays en respectant les libertés, la propriété et la morale publique. D'avoir partagé la vie d'officiers espagnols qui lui avaient témoigné la camaraderie la plus courtoise l'avait contraint à ménager la cause de la métropole coloniale, et cela lui valut, pendant des dizaines d'années, de passer pour proche des milieux militaires hispaniques. On retrouve cette donnée bien plus tard : ses craintes pour la propriété et la liberté s'exprimèrent aux débuts de la guerre civile de 1936-1939, quand, partisan de la légalité républicaine, il n'en affirma pas moins que, s'il avait été Espagnol, il aurait sans doute rejoint le camp des défenseurs franquistes de l'ordre social. Mais il convient ici - ce que ne font pas tous ses biographes, y compris son petit-fils - de tenir compte de la dimension anticommuniste de la pensée churchillienne après la révolution bolchevique en Russie, et de ne pas opérer de rapprochement excessif entre ses sentiments de 1896 et ceux qu'il manifesta quarante ans après.

Il est piquant, en revanche, de souligner que l'insurrection cubaine, suivie trois ans plus tard de l'intervention américaine contre l'Espagne, permettait à deux des grands chefs d'État du XXe siècle de faire connaître leur nom, ou de valoriser leur image : pour le jeune Churchill, sa « permission » contribua à asseoir une réputation naissante, jusqu'alors surtout marquée par son identité de « fils de lord Randolph » ; pour l'Américain Theodore Roosevelt, sa décision de quitter temporairement la vie politique pour prendre les armes à Cuba lui valut une consécration qui devait lui ouvrir en quelques années la route de la Maison-Blanche. Et on remarquera, chemin faisant, que l'un et l'autre, malgré leur différence d'âge et de formation, y partagèrent, sans s'être rencontrés ni consultés, la conviction que les Cubains n'étaient pas mûrs pour l'indépendance et que de plus « civilisés » qu'eux devaient les guider dans une première étape... de durée indéterminée.

De retour en Angleterre, alors qu'il n'est âgé que de vingt et un ans, Winston a beaucoup mûri, et on date de cette époque une véritable frénésie de lectures et son désir de renforcer son bagage intellectuel. Sa correspondance avec Cockran l'y encourage ; il commence à émettre des jugements personnels sur certains problèmes politiques anglais, écrivant par exemple à son correspondant new-yorkais qu'une « fédération impériale » garantirait, dans un avenir proche, la solution du problème de l'Irlande. Surtout, il est de plus en plus recherché par la bonne société, curieuse désormais de découvrir une personnalité aussi manifestement « montante ». Il est fréquemment l'invité de lord Nathaniel Rothschild, il rencontre des personnages de premier plan - son commandant en chef étant désormais lord Wolseley -, mais aussi des hommes d'État : Joseph Chamberlain, alors secrétaire aux Colonies dans le cabinet Salisbury et grand apôtre de l'impérialisme, le député libéral Asquith, l'un des leaders de l'opposition, lui aussi converti à l'idée impériale, et de nombreux autres hommes de pouvoir.

Entre l'ennui et l'apprentissage des combats

Impatient, notre jeune officier essaie, en vain cette fois, de se faire envoyer là où il se passe des choses et où existent des occasions de promotion. Devenu réticent à l'idée d'un vain séjour en Inde, il tente successivement de se faire expédier en Crète, en Égypte, en Afrique du Sud. C'est pourtant pour les Indes que, conformément aux règles, il s'embarque avec le 4e hussards au début de septembre 1896. Et, au bout de trois semaines de navigation, il débarque à Bombay avec son régiment. Il allait passer quelque huit mois dans le subcontinent, puis, avec la coupure d'une permission en Europe, y revenir jusqu'à la fin de juin 1898.

Il arrive dans un empire qui est la perle de la Couronne britannique, pays peuplé alors de près de trois cents millions d'habitants sur une terre chantée par les récits immensément populaires de Rudyard Kipling - qu'il juge, bien à tort, dans une lettre de janvier 1897, « épuisé » littérairement. Curieusement il manifeste peu d'enthousiasme. Sauf à aller combattre aux frontières, séjourner dans un pays où règne la *pax britannica* n'offre pas de perspectives de promotion rapide. Quand Kipling décrit les sacrifices consentis pour apporter *la* civilisation aux indigènes, et la sueur et les larmes d'admirables serviteurs de la Couronne, il n'invente pas nécessairement des caractères et des dévouements, mais il en gomme l'arrogance, le souci de « pureté du sang », les avantages de la vie matérielle qui, très souvent, sont à l'origine de ces vocations exotiques.

Les régiments britanniques effectuaient de relativement courts séjours aux Indes, commandés par des officiers issus, nous le savons, de la bonne société anglaise, qui considéraient parfois de haut les officiers britanniques de l'armée des Indes, recrutés, eux, à un niveau social inférieur ; ils jouissaient des agréments du cantonnement sans manifester autre chose qu'une surprise amusée. À un habitué de la haute société anglaise, il n'était guère possible d'éprouver les sentiments d'orgueil qui étaient ceux de nombre de leurs compatriotes du service civil et militaire de l'Inde, devenus soudain une partie de la « race des seigneurs » et, jusqu'à leur retraite, amenés à vivre, en dehors de leurs heures de travail, une vie de luxe et de mondanités, *sahibs* bien au-dessus des plus éminents des colonisés.

De Bangalore, dans la province de Madras, logé avec deux camarades dans un confortable bungalow, Winston décrit à lady Randolph leur nombreuse domesticité - plus d'une dizaine de serviteurs. Et, les heures de service du matin rapidement écoulées, il s'intéresse surtout aux loisirs variés offerts à ses collègues comme à lui-même. Le polo est sa pratique quotidienne, même si, lors d'un débarquement un peu précipité à Bombay, il s'est fait une déchirure à l'épaule dont il souffrira toute sa vie ; ce sport devient une passion, à laquelle il sacrifiera jusqu'à l'âge de cinquante-trois ans.

Le témoignage photographique est à nouveau édifiant : on le voit sur sa monture blanche, un casque colonial coiffant le visage d'un impeccable lieutenant, ou en dilettante occupant un élégant bungalow et recevant des visiteurs en canotier, ou, debout, en joueur de polo prêt à prendre part à une compétition, l'air d'autant plus jeune que, seul de son équipe, il est dépourvu de moustaches. Splendeurs, loisirs et ennui résument ce qu'il avait toujours craint de vivre dans ses premiers cantonnements.

Le lieutenant Winston Churchill aux Indes, en 1896.
Photo The Trustees of the Churchill Archives Settlement.

Churchill pendant sa première campagne électorale, malheureuse, 1899.
Photo The Trustees of the Churchill Archives Settlement.

Il va jusqu'à renouer avec la peu dangereuse... chasse aux papillons, qu'il avait pratiquée lors de ses vacances de collégien, et il se prend aux joies du jardinage en cultivant une cinquantaine d'espèces de roses, auxquelles, écrit-il à sa mère, il aimerait ajouter des giroflées et des tulipes.

Dans ce vide d'action, il rencontre ses premières amours et s'éprend de Pamela Plowden, fille du résident britannique à Hyderabad : « C'est la plus jolie fille que j'aie jamais vue », écrit-il à sa mère. Il lui fait une cour empressée, la juge, dans sa correspondance, aussi intelligente que belle, mais il s'en tient à une réserve qui étonne la jeune fille. Lui-même se dit blessé de cet étonnement :

> « Pourquoi dites-vous que je suis incapable de tendresse ? C'est une grossière erreur... Je serai constant. Je ne suis pas un galant volage qui suit capricieusement sa lubie du jour. Mon amour est profond et fort. Rien ne le changera jamais. »

Pamela le préserve du morne ennui qu'il déclare ressentir au contact de ses compatriotes, jugés vulgaires ; elle le console un peu de la frustration sans cesse évoquée dans ses lettres d'être éloigné des lieux où il se passe des choses et où l'on peut briller, du Soudan à telle circonscription électorale métropolitaine que, dès 1896, il se verrait volontiers disputer.

Winston a été éduqué dans le moule victorien qui, jusqu'à l'âge de vingt-deux ans, interdit à l'adolescent et au jeune homme de courir le jupon et impose une stricte séparation des sexes : est-ce la raison de son extraordinaire réserve ? Certains de ses biographes estiment qu'il eut la claire conscience qu'un mariage entraverait son ascension vers la gloire et qu'il devait maîtriser ses sentiments. Ses difficultés à contracter mariage pourraient avoir tenu à sa conviction qu'il fallait se garder de tout amollissement. Le problème mérite une autre approche, dans la mesure où son comportement envers la très honorable miss Plowden n'est qu'un témoignage parmi d'autres de son exceptionnelle méfiance envers toute aventure féminine. Il ne semble pas impossible, dans son cas, qu'ait pu jouer le souvenir du triste destin de son père Randolph : un mariage malheureux après des débuts aussi prometteurs avait de quoi le faire reculer, davantage encore si, porté par son inconditionnelle affection pour son père, il occultait les raisons profondes de son échec matrimonial.

Sublimé, ce recul devant le sexe a également fait partie du comportement d'une fraction de l'élite britannique du XIXe siècle, élevée dans le culte de l'amitié virile, et qui a constitué un vivier d'aventuriers et de grands serviteurs de l'État, prêts à tout sacrifier, au prix de souffrances, de renoncements et d'efforts surhumains, à leur idéal ou à leurs ambitions : « À l'époque victorienne tardive, on insiste de plus en plus sur ceci : pour que survive l'Empire britannique, la race impériale doit se contraindre à la continence sexuelle et le gouvernement doit tout faire pour y contribuer[3] » ; et l'auteur de cette citation tente de dresser la liste des « a-sexuels », « fondamentalement apathiques en matière de sexe » et qui « éprouvent peu de souffrance dans l'abstinence », citant pêle-mêle parmi les militaires Gordon, le héros de Khartoum, et Kitchener, vainqueur des derviches comme des Boers, et sélectionnant parmi les politiques Churchill et, plus tard, Harold MacMillan. Ronald Hyam rappelle, à propos de Winston, qu'une fois marié il fut

3. Ronald Hyam, *Empire and Sexuality, The British Experience*, Manchester UP, 1990, 1.

« rarement anxieux à l'idée d'être loin de son épouse[4] ». Et puis ses craintes diffuses contre les tentations de la chair ont peut-être été accentuées par ses observations de jeune officier : en Inde, comme plus tard en Égypte, il a connu des régiments gangrenés par la vérole, qui affecte jusqu'à un soldat sur quatre dans l'armée des Indes.

Quoi qu'il en soit, son grand amour pour Pamela demeurera platonique. Il se traduisit surtout par d'innombrables échanges épistolaires, en particulier au moment de sa première tentative électorale à Oldham en 1899, pour laquelle la jeune fille lui envoya un porte-bonheur « talisman », et, plus tard, pendant la guerre des Boers. Tout se terminera en 1902 après d'ultimes rencontres, sans préméditation, lors d'un séjour commun au Canada. Winston s'avouant toujours dans l'incapacité de se décider à une demande en mariage, Pamela Plowden, rentrée en Angleterre, se fiança deux fois en l'espace de quinze jours et finit, en 1903, par épouser lord Lytton.

Revenons aux Indes. Modestement sollicité, Winston a le temps de lire beaucoup, de parfaire sa culture en dévorant les études historiques de Gibbon, auteur au XVIIIe siècle d'une analyse, jugée alors inégalée, de la grandeur et de la décadence de Rome, ou celles de l'historien le plus brillant du premier XIXe siècle, Macaulay, auteur en particulier d'une histoire de l'Angleterre au temps de la Restauration et de la Glorieuse Révolution. Il se consacre aussi à la méditation édifiante des écrits d'Adam Smith, prophète en 1776 du libéralisme économique ; il reconnaîtra sa dette envers ces

4. *Ibid.*, p. 13.

savants ; par la qualité de leur écriture, ils sont également ses maîtres en rhétorique, et ses récits de campagne, qui firent sa première célébrité, portaient, de l'avis de tous les critiques, la marque du style de ces historiens, ses devanciers. Il ne néglige pas les classiques, lit Platon en anglais, demande à sa mère les œuvres traduites de Pascal et du duc de Saint-Simon. Curieusement, il dépouille l'*Annual Register* à compter de la date de 1874 : se passionnant pour des débats législatifs du passé, il définit ce qu'auraient été ses positions s'il y avait pris part. Il prend encore le temps de dévorer la presse contemporaine et de se forger des opinions qui, plus tard, deviendront ses principes d'action politique.

Dans son abondante correspondance avec sa mère, on découvre, à la date du 8 décembre 1896, une critique acerbe des projets militaires du gouvernement. À lord Lansdowne, qui préconise un accroissement des effectifs de l'armée, il oppose sa vision d'insulaire, en oubliant ses intérêts d'officier de carrière : ce qui importe, c'est « une marine sans rivale... ; l'armée [ne serait alors] plus indispensable à la défense ; pour l'attaque, un corps d'armée, peut-être deux, suffiraient aux entreprises en pays étranger - hors d'Europe ». Avec l'impétuosité de ses vingt-deux ans, il imagine la future rentrée des unionistes de Joseph Chamberlain dans le bercail libéral ; elle ouvrirait la voie à un parti hostile à tous les « fossiles » et porté par le double élan de l'impérialisme et du libre-échange ; utopie qui ne se réalisera pas, mais qui permet déjà de percevoir combien le jeune Churchill éprouvait alors d'attirance pour un « parti du mouvement » et de mieux comprendre sa « trahison » des tories moins de dix ans plus tard. En avril 1897, dans une autre missive, seul le *Home Rule* lui apparaît un obstacle à un tel choix politique ; en attendant une conversion des libéraux, il se résignerait à un torysme démocratique axé sur la réforme à l'intérieur et l'impérialisme à l'« est de Suez ».

Lors d'une permission en Angleterre, en juillet 1897, il obtient une invitation à prendre la parole à Bath devant des membres de la Ligue de la Primevère, organisation de masse impérialiste fondée par lord Randolph et qui, dans les années 1890, passe de un à deux millions d'adhérents. Il y dénonce brillamment les excès démagogiques du discours radical et se prononce pour une grande association du capital et du travail dans une même nation : « Les ouvriers britanniques ont plus à espérer de la marée montante du torysme démocratique que du tuyau à sec du radicalisme. » Son intervention n'est pas ignorée par la presse et contribue à faire de lui un espoir montant du parti conservateur.

Seuls l'entraînement militaire quotidien et des manœuvres épisodiques rappellent à Winston qu'il n'est pas un jeune citoyen en train de se préparer à une carrière politique. Il s'y plie d'autant plus volontiers qu'il n'a pas complètement renoncé à ses rêves de gloire, harcelant ses protecteurs, à commencer par sa mère, pour obtenir une mutation en Égypte.

C'est aux Indes qu'il sera amené à faire ses premières armes d'officier britannique en campagne. Il le doit au général Bindon Blood, qu'il a fait solliciter et qui lui propose, à défaut d'un emploi dans son état-major, de rejoindre son corps comme correspondant de guerre en lui promettant de l'intégrer, à la première occasion, dans une force combattante. Winston se fait donner une permission spéciale et rejoint l'expédition de Malakand, au nord-ouest de l'Inde, chargée d'une offensive contre des tribus rebelles afghanes. Il s'agit de la nouvelle mouture d'une interminable guerre de frontières, inaugurée au milieu du siècle et marquée par une succession de défaites et de victoires également retentissantes ; Kipling a écrit des vers admirables pour rendre hommage au courage de l'adversaire dans une lutte où il voit la démonstration que « l'Est et l'Ouest ne se rencontreront jamais ».

Sur la route qui le mène au front, Winston décrit une étape à Rawalpindi, dans les cantonnements du 4e dragons : les soldats y chantent, et les paroles de leur chanson exaltent notre jeune officier. Il les rapporte dans son *Early Life*[5] : le refrain d'abord, qui fait écho à la question que « se pose l'Angleterre à l'approche du danger » : « Mes fils en Inde réussiront-ils ou mourront-ils ? » *(Will the sons of India do or die ?)* ; et surtout, le « meilleur des paroles » :

« Grande Mère blanche, loin au-delà des mers
Qu'à jamais elle demeure Souveraine de l'Empire,
Qu'elle règne pour longtemps, glorieuse et libre,
Dans notre Grande Métropole blanche. »

L'émotion que ces accents jingoïstes lui inspirent est très révélatrice de la profondeur de sa juvénile foi impériale, au point que, rappelés en 1930, ils font alors partie de son discours violemment hostile à toute concession aux indépendantistes indiens.

Churchill est accrédité comme correspondant par le *Pioneer* d'Allahabad, mais sa mère a également obtenu du *Daily Telegraph*, le grand quotidien londonien, qu'il publie ses lettres

5. *Ibid.*, p. 130-131.

du front... et les paie à la pige selon leur intérêt ; elle a cru bon, et Churchill le lui reprochera amèrement, de suivre le conseil de lord Minto et d'éviter que la signature de Winston, dans l'intérêt même de sa carrière, figure dans le journal. La réaction du jeune officier est d'autant plus vive qu'il pense sérieusement à utiliser son expérience pour écrire une « histoire de l'unité de combat de Malakand ». « Elle se vendrait certainement bien et pourrait me servir. » Son projet aboutira effectivement dès la fin de l'année avec la publication de *The Story of the Malakand Field Force*... et avec l'abandon provisoire de la rédaction de *Savrola*, son unique roman, qui ne paraîtra donc qu'en 1900.

Partant du quartier général de sir Bindon Blood, notre correspondant de guerre se joint à la colonne Jeffrey dans la vallée du Mamund. Il prend courageusement part à de violents combats. Celui du 16 septembre se termine en carnage et par une retraite des Britanniques. La bataille d'Agrah, quinze jours plus tard, sera plus indécise. Sa correspondance avec sa mère le dévoile ardent, sans peur, conscient de sa chance quand des centaines de soldats tombent autour de lui ; mais on y lit aussi une sorte d'ivresse de gloire et nombre d'allusions aux médailles et aux promotions que pourraient lui valoir ses gestes héroïques ! Au passage, il affirme ne pas s'être « souillé les mains », même s'il doit bien admettre « la nécessité de certaines choses », façon pudique de faire allusion aux blessés ennemis que l'on achève en réponse à l'exécution par les Afghans de leurs prisonniers britanniques ; il évoque avec quelque complaisance son plaisir de jouer avec le danger et parsème ses missives de réflexions dont la profondeur peut échapper au lecteur. Ainsi, parlant de la dureté de la vie en campagne, il ajoute doctement :

« L'homme a-t-il besoin d'autre chose au fond que de nourriture et d'un tempérament philosophique ? »

Cité à l'ordre du régiment, il s'en réjouit comme s'il avait été effectivement décoré... ce sans doute - de l'avis de ses meilleurs biographes - parce que cela lui donnerait des arguments au cas où il passerait à une carrière politique.

Le courage physique du jeune Winston ne fait aucun doute. Il éclaire bien des comportements ultérieurs et sa dilection constante pour des collaborateurs et amis qui auront aussi connu l'épreuve du feu. Soulignons que sa perspicacité politique perce à travers ses commentaires sur une guerre absurde et cruelle, inutile si elle ne se termine pas par une annexion pure et simple - laquelle dépasserait peut-être les moyens permanents dont disposent les Britanniques dans la région.

Vexé de n'avoir pas pu signer ses articles dans le *Daily Telegraph*, il est à moitié consolé par les efforts de sa mère pour diffuser sa prose dans le cercle de ses relations. La publication de son livre, outre les avantages financiers qu'il en attend, doit permettre de porter un remède définitif à cet anonymat relatif, exécrable à ses yeux : grâce à l'appui de lord Balfour, membre éminent du cabinet Salisbury, l'ouvrage trouvera un éditeur en 1898 et sera d'autant plus apprécié par ses quelque huit mille acheteurs britanniques et étrangers de mars à décembre 1898 que Winston s'y veut l'interprète et l'historien de faits qu'il a réunis en interrogeant de nombreux officiers, et qu'il a la modestie de ne pas se mettre en avant. Les critiques sont souvent excellentes, en particulier dans l'*Athenaeum*, qui souligne le génie du jeune écrivain tout en relevant qu'un nombre excessif de coquilles s'étaient glissées dans l'édition. Le prince de Galles écrivit personnellement ses éloges à l'auteur. Dans la presse indienne, le *Times of India* ou le *Morning Post* de Delhi, les éloges sont des plus vifs et s'adressent également à la politique générale du *Raj*, nom sous lequel on désigne l'administration britannique en Inde... Le destin littéraire du futur prix Nobel de littérature [en 1953] se dessinait, et, en attendant, il pouvait s'attendre à trouver sans peine de nouvelles occasions lucratives de placer sa prose.

Revenu à Bangalore après sa campagne, il y mène une vie d'écrivain, tout en poursuivant en autodidacte sa formation intellectuelle. Il a l'occasion, lors d'un court voyage à Calcutta, de mesurer les avantages de sa naissance et de son rang : hôte du vice-roi, lord Elgin, reçu par le commandant en chef, il est loin de n'être qu'un modeste officier en début de carrière. Il doit aussi à ses relations de participer quelque temps aux préparatifs d'une autre expédition afghane, à laquelle il s'est pratiquement invité lui-même.

Le mirage égyptien et l'heure des éclats

Son rêve, incessamment rappelé à sa mère, était d'être envoyé en Égypte et d'y rejoindre la force expéditionnaire de Kitchener. Lady Randolph mobilisa à cette fin toutes ses relations, dont le prince de Galles ; elle écrivit à Kitchener, *sirdar*, c'est-à-dire commandant en chef de l'armée anglo-égyptienne, et tenta, au cours d'un voyage en Égypte, de le rencontrer. Kitchener se révéla inébranlable, car rempli de mépris pour l'audace d'un jeune officier qui avait osé porter un jugement sur la conduite d'une campagne militaire, donc sur ses supérieurs ; il était décidé à refuser tout passe-droit quand tant de candidats, tout aussi « arrivistes » - Churchill ne renie pas le terme dans sa correspondance -, se pressaient aux portes de la gloire, sans faire, eux, de leur carrière une simple étape sur la route du pouvoir civil. De fait, les efforts éperdus de Churchill ne devaient plus grand-chose à une ambition proprement militaire : de plus en plus, il entendait faire d'exploits en campagne et de leur diffusion le tremplin d'une carrière politique. Au cours d'une permission à Londres, en juin-juillet 1898, Winston rencontre le Premier ministre lui-même, lord Salisbury, qui lui a demandé de venir lui parler de son ouvrage ; dès le lendemain, il écrit à son interlocuteur et le prie d'intervenir en sa faveur auprès de Cromer, haut-commissaire britannique en Égypte.

L'appui de ce dernier est décisif quand la mort d'un officier du 21e lanciers libère un poste : Churchill est envoyé combattre au Soudan, acceptant de faire le voyage à ses frais... et contractant un emprunt de 3 000 livres à la Norwich Union pour faire face à cette obligation. Il n'omet pas de passer contrat avec le *Morning Post*, qui promet de payer 15 livres chaque article qu'il enverra au journal. Il part conscient d'avoir forcé la main à Kitchener, auquel il réservera des pages vengeresses dans son compte rendu de la campagne, et dont il dira, dans une lettre à lady Randolph, quelques jours avant la bataille d'Omdurman : « C'est peut-être un général, mais ce ne sera jamais un gentleman. » Sans attendre d'autres autorisations de son régiment en Inde, il se dépêche d'embarquer à Marseille et parvient au Caire le 2 août, juste à temps pour le départ de l'expédition.

Pourquoi l'Égypte ? C'est qu'en Inde, l'essentiel était gagné, la guerre de frontières s'y annonçait sans fin, et seules les ambitions de la Russie en Afghanistan et en Perse pouvaient, à terme, aboutir à des tensions extrêmes, voire à un conflit. Au contraire, l'Égypte était devenue le pivot de la grande aventure impérialiste de la fin du siècle : celle du dépècement de l'Afrique et du contrôle des grandes voies maritimes qui la bordent[6].

Dans le pays même, lorsque les Britanniques, seuls après le « lâchage » français, avaient pris la décision d'occuper le territoire, ce que craignait Gladstone s'était produit : les autorités anglaises étaient devenues le véritable gouvernement d'un État désormais vassalisé. L'Égypte était fille du Nil, et l'expansion vers le Soudan était inscrite dans les lois de la nécessité ; davantage au temps de Churchill, quand les Français, très anciennement établis au Sénégal, rêvaient d'un « trottoir » est-ouest à travers le continent, dont un passage se situerait précisément au Soudan ; bien plus donc qu'en 1885, lorsque Gordon, trop longtemps privé de secours par les réticences de Gladstone, avait succombé héroïquement devant les forces du Mahdi à Khartoum.

Les impérialistes au pouvoir, Joseph Chamberlain aux Colonies, étaient à l'écoute des appels d'un Cecil Rhodes, Premier ministre du Cap jusqu'en janvier 1896, actif conquistador dans la partie australe du continent, et dont le thème d'une Afrique britannique du Cap au Caire rencontrait une audience croissante. En outre, prendre le contrôle des côtes orientales de l'Afrique de part et d'autre de la mer Rouge, étendre suzerainetés, annexions et « alliances » pour protéger le débouché du canal de Suez en direction de l'Asie constituaient des objectifs majeurs, complétant la politique générale de mainmise sur les

6. C.C. Eldridge, *Victorian Imperialism*, Londres, Hodder & Stoughton, 1978 ; M.E. Chamberlain, *The Scramble for Africa*, Londres, Longman, 1974.

estuaires et les baies bordant les autres côtes africaines sur la route traditionnelle par le cap de Bonne-Espérance.

La boulimie de certains États - français, allemand, portugais, belge, italien - stimulait les appétits britanniques : le champ de la confrontation des puissances impérialistes était devenu largement africain. En 1892, haut fonctionnaire avant de devenir un homme d'État de premier plan, Alfred Milner a publié son *England in Egypt*, véritable hymne aux réalisations de son pays, et il a ancré davantage encore la conviction de nombre de ses concitoyens que leur nation constituait « une race de gouvernants ».

Le Premier ministre Salisbury s'engage dans une politique de conquête et, depuis 1896, Kitchener est chargé de reprendre par la force, au nom de l'Égypte, des droits que celle-ci avait paru abandonner en 1885. Ni la perspective de venger Gordon douze ans après sa mort, ni le souci toujours affirmé de contribuer à « civiliser » un continent « arriéré » en l'ouvrant aux missions, aux écoles, au développement économique ne doivent égarer. Apporter une justification humanitaire à des efforts si manifestement inspirés par la conscience d'une destinée nationale et d'une supériorité raciale fait partie du jeu universel des expansionnistes de cet âge ; quant à Gordon, il pouvait surexciter des fièvres vengeresses opportunes, mais, au lieu de chercher à reconquérir la ville qu'il avait défendue jusqu'à en mourir, l'objectif de l'expédition Kitchener était la prise de Fachoda, clef de l'accès aux eaux du Haut-Nil. Son avancée vers le sud était accompagnée de la construction d'une voie ferrée dont, plus que symboliquement, l'écartement des rails était similaire à celui des voies ferroviaires sud-africaines.

Churchill avait saisi très tôt, comme la plupart des

Britanniques avertis, que la guerre du Soudan était inéluctable et que tout permettait d'espérer du sang et de la gloire à profusion. La guerre s'annonçait fraîche et joyeuse, entre les bénéficiaires des techniques les plus avancées de l'Europe et les indigènes armés d'armes désuètes et surtout forts de leur courage et de leur foi islamique. Winston allait arriver juste à temps pour participer, au sein d'une armée moderne d'une vingtaine de milliers d'hommes équipés de fusils à répétition, de mitrailleuses et de canons à obus à mitraille, aux engagements décisifs contre les soixante mille guerriers que le Mahdi avait regroupés devant sa capitale d'Omdurman.

La campagne du Soudan

Pour rejoindre l'armée en campagne, Churchill avait emprunté tous les modes de transport : après le bateau, son cheval, mais aussi le train et des esquifs fluviaux. Ses pérégrinations et ses combats font l'objet de l'ouvrage qu'il publiera en deux volumes dès 1899, *The River War : An Historical Account of the Reconquest of the Sudan*. Ses contributions au *Morning Post* et sa correspondance privée permettent de compléter le tableau des aventures de notre Fabrice anglais. Soulignons combien une telle profusion d'écrits est rare pour un jeune homme de vingt-quatre ans. Ils peuvent permettre à l'historien de la Seconde Guerre mondiale de saisir la naissance d'une conviction qui animera l'homme d'État au pouvoir à partir de 1940 : la guerre se déroule sur de grands espaces stratégiques, et des enjeux nationaux majeurs exigent de déployer des efforts prioritaires à des centaines, voire des milliers de kilomètres de la métropole.

Jouant au passage les touristes, Churchill rapporte ce qu'il a vu, et ses propos respirent un paternalisme bienveillant et éloigné de tout snobisme culturel. Que ne pourrait-on pas faire pour les « sympathiques paysans » du Nil en favorisant barrages et irrigation ? Et, parmi les empêcheurs de danser en rond, comment ne pas placer des intellectuels mal avisés, ces archéologues, « vains ramasseurs de pierre, fouillant les tas de poussière et ignorant tout des besoins de l'humanité », trop soucieux de protéger de « vieilles pierres » - en l'occurrence le temple de Philae ! - quand les besoins de l'agriculture exigeraient de les noyer sous les eaux.

Autre cible, les touristes, qui joignent leurs protestations à celles des archéologues, quand ils n'ont pour souci que « de trouver une surface où griffonner leur nom ». Cette dernière remarque reproduit non sans fidélité les réactions d'habitués britanniques de « grands tours », qui, à la fin du siècle, se plaignent de voir arriver sur leurs sites préférés des bourgeois incultes et grossiers. Depuis 1869, le voyagiste Thomas Cook a contribué à cette pénétration d'un premier tourisme de masse, et les hôtels de qualité se multiplient dans les années 1890 sous l'égide de sa compagnie. Dix ans plus tard, en 1907, dans *La Mort de Philae*, Pierre Loti évoquera la « métamorphose d'un site » alors « aussi couru » qu'Ostende et Spa, pendant une « saison » qui attire de « délicats voyageurs » ; le Français ne déplore certes pas la préservation du temple, mais dit sa nostalgie d'une vie traditionnelle alors en voie d'extinction[7].

Arrivé à destination, devant Omdurman, Winston se

7. Sur tous ces points, cf. la thèse dactylographiée de Marie-Élise Palmier-Chatelain, *L'Autre Empire sur le Nil. Thomas Cook & Son et le tourisme en Égypte de 1869 à 1900*, thèse universitaire, Paris IV-Sorbonne, janvier 1998.

prépare au combat. L'approche possible de la mort lui inspire, le 24 août 1898, une missive à sa mère où, fataliste, il en accepte le risque. Joue-t-il l'esprit fort ou laisse-t-il apparaître ses convictions en affirmant ne pas avoir foi dans la doctrine chrétienne de la résurrection. Il affirme aussi sa quasi-certitude de survivre, d'avoir ce qu'ailleurs on appellerait la *baraka* : « Je crois que je ne serai pas touché. » Les talents de l'observateur militaire et du correspondant de guerre se rejoignent lorsque, le 1er septembre, l'avant-garde de cavalerie dont il fait partie aperçoit l'armée mahdiste : elle est innombrable, « elle diffuse un nuage étincelant », quarante mille pointes de lance brillant au soleil. « Ce fut peut-être la plus forte impression de toute ma vie, et je ne pense pas revoir jamais spectacle aussi imposant et formidable. » Chargé de rendre compte à Kitchener de ses observations, il regarde attentivement du haut d'une colline « les deux armées [qui] ne pouvaient se voir l'une l'autre ». Il se dit quelque peu excité à l'idée d'approcher le grand soldat et curieux des réactions qu'il aura à son égard. Lorsqu'il fait son rapport, rien ne lui permet de penser que le *sirdar* l'identifie au point de se souvenir de son refus de l'incorporer dans son armée. Il lui communique sa conclusion : « L'avance rapide de l'ennemi rendait l'action imminente. » Et il garde pour lui ses réflexions : « Tout le produit de nombreuses années de préparation et de trois ans de guerre allait se mesurer au résultat de cette action. »

De part et d'autre on est décidé à laisser passer la nuit et à laisser se reposer les troupes. Churchill glane des informations, et, le lendemain, fait partie des patrouilles envoyées vers l'avant. Il griffonne des messages à l'intention du général en chef, s'éblouit encore de la masse formidable des ennemis, rapporte, dans ses correspondances - et plus tard dans son livre - le fanatisme d'ennemis prêts à affronter le combat en s'encourageant par des hurlements effrayants. Il prend part à des charges de cavalerie, fait le coup de feu et démontre amplement sa bravoure. La Providence l'a mieux protégé que nombre de ses proches amis ; en quelques minutes d'une charge, son régiment n'a-t-il pas perdu cinq officiers et soixante-cinq soldats, sans compter les cent vingt chevaux, soit près du quart de ses effectifs ?

Une photographie de 1898 le représente, officier rattaché au 21e lanciers, son uniforme colonial quelque peu fripé, la mine résolue et fatiguée. Ses lettres contiennent quelques belles paroles sur l'atrocité des guerres, sur le malheur d'avoir à tuer d'autres braves, sur l'horrible spectacle qu'offre le champ de bataille lorsque tout est terminé.

Il ne succombera pas cependant aux sirènes pacifistes et, en octobre, réfutera les dires de *Concord*, un périodique pacifiste londonien, selon lequel on avait achevé les blessés et cherché à verser le plus de sang possible : « C'est le courage de l'ennemi qui a causé sa destruction. Quand il en a eu assez, il s'est retiré. [...] Il est aussi injuste qu'irrationnel d'accuser de cruauté et de goûts sanguinaires des soldats qui - pour défendre leur vie - utilisent les armes dont ils sont munis. » Mais cette véhémence dans la défense de ses camarades ne l'empêche pas d'écrire à sa mère, le 26 janvier 1899, que Kitchener était « le responsable du massacre inhumain des blessés ».

Pour sa part, il est conscient de s'être bien battu, ne dissimule pas quelques actions imprudentes, est certainement convaincu d'avoir fait plus que son devoir... et il écrit des phrases assassines contre Kitchener quand il apprend que le *sirdar* n'a pas vraiment « digéré » sa présence. S'il rend hommage au brio du vainqueur d'Omdurman, il écrit aussi au colonel Ian Hamilton[8] :

> « Il est difficile de jeter des pierres au soleil levant et mon antipathie personnelle peut avoir déformé mon jugement, mais, si je ne suis pas aveuglé par elle, Kitchener était sûr de son fait, du commencement jusqu'à la fin, et il a eu en outre une veine du diable. »

Cette dernière mention n'est pas nécessairement péjorative, dans la mesure où chacun est convaincu que la gloire revient aux audacieux capables de prendre des risques. Pour lui comme pour ses concitoyens, Omdurman demeurera un « spectacle d'exception » et, trente-deux ans plus tard, après avoir pourtant vécu de près la Grande Guerre, il en écrira non sans nostalgie :

> « Rien de comparable ne sera plus jamais contemplé. Ce fut le dernier maillon de la longue chaîne des conflits spectaculaires dont la majestueuse et ardente splendeur a tant contribué à faire de la guerre quelque chose de fascinant. »

Un discours qu'il prononce le 30 octobre 1898 devant l'Association conservatrice de Southsea démontre par ailleurs que l'exaltation du combat est venue renforcer sa foi impérialiste : « Pour conserver l'empire, il faut posséder l'étincelle impériale. Où est la gloire d'un fainéant en armes vivant de la terreur qu'il a inspirée jadis ? Tel fut l'impérialisme débauché de la Rome antique. » Et, évoquant l'avenir lumineux de la

8. Lettre du 16 septembre 1898, reproduite in extenso in Randolph S. Churchill, *op. cit.*, p. 389-392.

pax britannica, il la voit instaurée « par le mérite autant que par la force, sur les régions les plus belles et les plus heureuses du monde où nous vivons » ; il est bien certain que les termes de sa péroraison pourraient être inversés et que la priorité de la force sur l'action civilisatrice lui serait apparue raisonnablement fondée.

Toujours est-il qu'il prit alors conscience qu'un jeune lieutenant aurait toujours bien de la peine, même au lendemain de glorieux et courageux combats, à monter les dures marches de la hiérarchie militaire et que ses rêves ambitieux ne pourraient pas se satisfaire au sein de l'armée. Il est significatif que son autobiographie, après avoir consacré plusieurs chapitres à son aventure égyptienne, enchaîne avec ce titre de chapitre, pourtant encore prémonitoire : « Je quitte l'armée » *(I Leave the Army)*[9]. En fait, il repart d'abord, en décembre 1898, pour l'Inde, en service armé, mais également pour y disputer en février-mars un très attendu tournoi interrégimentaire de polo et contribuer à la victoire de son équipe.

Auparavant, il a achevé son roman *Savrola*, que le *MacMillan's Magazine* lui achète 100 livres pour le publier en feuilleton. Son séjour aux Indes lui permet de rencontrer le nouveau vice-roi, George Curzon, avec lequel il s'entend à merveille, contractant avec lui des liens que la politique, au temps des gouvernements Asquith et Lloyd George, distendra ou resserrera alternativement. Une fois encore, sa naissance et ses relations familiales ont fait merveille, et on le constatera à nouveau lors de ses rencontres avec lord Cromer, lorsque sa route du retour lui vaudra, en Égypte, de nouvelles conversations avec

9. *My Early Life*, *op. cit.*, p. 203.

le haut-commissaire. Ses lettres d'Égypte à sa mère sont les premières qu'il dicte à une secrétaire-sténographe. Il découvre ce qui va devenir plus tard le ressort de son métier d'écrivain ; le « gueuloir », selon la formule de Gustave Flaubert, améliore la qualité du style et autorise d'exprimer de la manière la plus claire, sans être asservi par la plume, ce que l'on a à dire.

Il a pris la résolution de démissionner de l'armée, de se consacrer à la rédaction de sa *River War* et de rechercher d'autres sources de satisfaction matérielle et professionnelle. Il s'en explique dans une lettre à sa grand-mère, la duchesse Fanny : « Je peux vivre à meilleur marché et gagner davantage comme écrivain, correspondant spécial ou journaliste ; en faisant, de plus, un travail qui me plaît davantage et présente plus de chances de m'aider à atteindre, à l'avenir, de plus vastes buts. » Les ventes de son récit de la campagne du Soudan lui donneront bientôt raison sur le point financier. Les deux gros volumes de *The River War*, près d'un millier de pages, trouvent en six mois quelque trois mille acquéreurs, peut-être stimulés dans leur appétit de lecture par un événement imprévu : leur auteur, parti couvrir la guerre des Boers, s'est évadé de son camp de prisonniers et acquis une renommée supplémentaire.

Ainsi, Winston a fait fi des anciennes et très amicales recommandations du prince de Galles. Celui-ci, en octobre précédent, les a renouvelées sans grande conviction, connaissant la « monotonie de la vie militaire ». « Heureusement qu'il y a quelques officiers qui l'acceptent, sinon nous n'aurions plus d'armée du tout ! » Le futur Édouard VII se dit finalement convaincu que « la vie parlementaire et littéraire » correspondrait mieux aux attentes du jeune Churchill. C'était prêcher une vérité qui s'était déjà imposée à ce dernier, malgré sa « tristesse de quitter amis, uniforme et médailles ».

Son petit-fils et biographe fait de ce choix un pari risqué et une preuve de hardiesse : les projets de son grand-père ne reposaient encore sur rien de tangible et ses espérances auraient pu être cruellement déçues. Winston possédait pourtant bien des atouts. En tournant le dos à la carrière d'officier d'active, il renonçait à des rêves de jeunesse mais donnait à son arrivisme forcené des objectifs que ses mérites connus, son aura personnelle et ses puissantes relations ne pouvaient pas faire paraître absurdes.

Il décide de se lancer sans plus tarder dans la vie politique, à l'occasion d'une élection partielle, en juin, à Oldham. La mort du député tory Robert Ascroft et la démission du deuxième député de la circonscription ont ouvert la voie au renouvellement de deux sièges. La ville, centre textile d'une cinquantaine de milliers d'habitants, partie d'une conurbation en cours de formation autour de Manchester, peut être qualifiée d'ouvrière et offre aux tenants de la réforme sociale un tremplin idéal.

Une excellente campagne, menée sous le drapeau du torysme démocratique, confirme le précoce génie oratoire de Winston et sa capacité de parler aux classes populaires, jusqu'alors surtout séduites par le radicalisme ; on y retrouve les signes d'une démagogie certaine associée à une extrême prudence à l'idée de toucher aux ressorts de la libre entreprise. Ses harangues évoquent l'absolue priorité de « la condition du peuple anglais »... tout en réservant sa place au libre déploiement de l'esprit d'initiative. Il s'engage à promouvoir des lois en faveur des indigents âgés, en se montrant « aussi généreux que possible » et, à des citoyens souvent divisés sur la question de l'alcool, il affirme avec aplomb être en faveur de la « tempérance » mais hostile à toute mesure contraignante.

Le 6 juillet il est défait, mais fort honorablement. Il a engrangé 11 449 voix, 30 de plus que son coéquipier, 1 500 environ de moins que le mieux classé des vainqueurs. Le programme politique qu'il commence alors à polir l'a sans doute servi, mais sa personnalité rend aussi compte de l'enthousiasme qu'il suscite ; c'est l'avantage qu'il tire de sa réputation militaire. Pour l'essentiel, et même s'il évoque l'empire et sa nécessaire défense, ses propos concernent les choix intérieurs, sociaux, économiques et moraux. Son uniforme a bien été remisé au placard.

Et puisque Westminster ne s'ouvre pas encore à l'héritier de Randolph, la guerre va lui offrir de nouvelles occasions de peaufiner sa personnalité et de frayer sa voie. Il continuera d'étaler cette ambition dévorante que relèvent, parfois fascinés, parfois écœurés, les meilleurs témoins du temps.

La guerre des Boers : « grande cause », grands effets

« Les grandes querelles, écrit Churchill dans son *Early Life*, découlent souvent de petits incidents, mais jamais de petites causes. » Il prononce ce jugement à propos d'une guerre dont l'historien d'aujourd'hui est tenté de faire le premier conflit de l'ère des guerres totales, celles qui non seulement mobilisent bien des efforts individuels et collectifs, mais surtout soudent toute une nation autour d'un projet considéré comme vital pour son destin. L'homme d'État s'exprime au lendemain d'un conflit mondial : son ampleur aurait dû l'amener à relativiser l'importance de la guerre sud-africaine - ou des Boers -, qu'il a vécue comme correspondant de guerre. Il n'en est rien, ce qui démontre que l'enjeu ne lui en a jamais paru mince, et que, sur le plan personnel, il a vécu là une expérience déterminante pour la formation de son esprit et de son caractère. Son avenir proche et lointain dans la sphère du politique va rester tributaire de l'image qu'on a de lui en ce temps-là.

L'enjeu sud-africain et le jingoïsme

Quel enjeu pour son pays ? L'Afrique australe est, à la fin du XIXe siècle, l'objet de bien des convoitises. Les impérialistes britanniques en font le champ privilégié d'une nouvelle et nécessaire expansion. Winston appartient à la génération dont l'enfance et la jeunesse ont été constamment bercées par des informations, des disputes, l'écho d'ambitions relatives à cette partie du continent. Nous avons évoqué ses souvenirs d'enfant de cinq ans sur l'une des dernières guerres menées contre les Zoulous, celle de 1879 : elle fut marquée par des combats sanglants, qui coûtèrent la vie, entre autres, au prince impérial français, le fils de Napoléon III, et les Britanniques y essuyèrent une défaite retentissante à Isandhlawana en janvier. Le conflit prit fin avec la décisive victoire d'Ulundi en juillet, qui scella l'écroulement d'un vigoureux empire militaire noir, sans d'ailleurs annihiler une identité ethnique que les luttes politiques contemporaines en République sud-africaine ont vu resurgir.

Les Boers, qui avaient accepté la tutelle britannique en 1877 par crainte de l'ennemi zoulou, entendirent la secouer dès le danger passé. En 1881, battant sévèrement une armée anglaise à Majuba Hill, ils obtiennent d'un Premier ministre Gladstone fort réservé à l'égard de toute annexion territoriale la convention de Pretoria (5 avril) : elle reconnaît une république indépendante du Transvaal et un « État libre » d'Orange, tous deux sous une vague « suzeraineté anglaise », que personne n'a l'imprudence de vouloir définir.

Mais on est à l'aube de la curée des puissances sur l'Afrique. Les impérialistes britanniques, ceux de la métropole comme ceux des colonies du Cap et du Natal, poussent à la constitution d'une grande Afrique anglaise. Nous savons où cela a mené en Égypte et au Soudan. Cecil Rhodes, Premier ministre du Cap en 1890 et fondateur de la puissante société diamantaire De Beers, a obtenu dès 1889 la charte qui autorise une nouvelle compagnie, fondée par lui, à partir à la conquête de territoires au nord, et il peut ainsi s'établir dans ce qui sera baptisé dès 1895 la Rhodésie. Il n'y découvre pas l'or dont il avait, probablement sans grande illusion, brandi la promesse, mais il est le mieux placé pour souligner que ce métal si convoité se trouve en abondance dans les territoires des Boers, à Johannesburg, et qu'on a eu grand tort de ne pas préserver la souveraineté britannique sur ces territoires. L'utilisation de nombreux mineurs d'origine anglo-saxonne par les propriétaires des mines, le statut inférieur qu'est celui de ces Uitlanders en territoire afrikaaner deviennent pour lui autant d'arguments en faveur de la constitution d'une grande Union de l'Afrique australe sous le drapeau de l'Union Jack.

Orange et Transvaal, ces « nations de paysans », ne veulent pas en entendre parler. Rhodes en vient à préconiser de les annexer par la force et il autorise l'un de ses agents, Jameson, à tenter en 1895, en direction de Johannesburg, une ridicule expédition de quelques centaines d'hommes, rapidement vaincue, déclenchant par là même une crise germano-britannique lorsque, malencontreusement car l'affaire est déjà réglée, Guillaume II éprouve le besoin d'envoyer un télégramme de soutien au président du Transvaal, Paul Kruger. L'aventure tourne mal pour Cecil Rhodes, contraint de quitter son poste de Premier ministre du Cap. Mais il entend faire appel de cet échec, et le flambeau est repris en Angleterre par l'influent ministre des Colonies Joseph Chamberlain, par des leaders politiques de poids, les libéraux Rosebery et Asquith, et les tories dans leur majorité.

Dans ses Mémoires, Churchill rapporte combien les querelles sud-africaines faisaient, dans l'opinion, l'objet d'une vigilance et d'une passion croissantes. Il n'y met aucunement en doute ce que répétait la propagande officielle d'alors : le « puissant » *(heavy)* effort d'armement des Boers après 1895, leur importation massive d'armes en provenance de Hollande et d'Allemagne, la menace qu'ils constituent de ce fait pour les possessions anglaises du Natal et du Cap. À quoi s'ajoute l'asservissement « strict » des Uitlanders, tenus en respect par une police bien armée. Nulle critique, à distance, des messages diffusés alors depuis le Cap par le haut-commissaire, Alfred Milner ; sa fameuse « dépêche des Ilotes » du 4 mai 1899, publiée à Londres le 14 juin suivant, a pourtant contribué à mettre le feu aux poudres en dénonçant avec une violence excessive le sort fait aux ressortissants britanniques du Transvaal, qui, selon lui, devait être comparé à celui des sujets de l'antique Sparte[1] :

> « Le spectacle de milliers de sujets britanniques maintenus de façon permanente à l'état d'ilotes, constamment irrités par des injustices incontestables, et demandant en vain au gouvernement de Sa Majesté réparation, sape perpétuellement l'influence et la réputation de la Grande-Bretagne et le respect, à son égard, dans ses propres dominions... Je ne vois rien qui puisse mettre fin à cette propagande pernicieuse, excepté une preuve évidente de la volonté - si c'est sa volonté - du gouvernement de Sa Majesté de ne pas liquider sa situation en Afrique du Sud. »

1. Cit. par V. Halpérin, *Lord Milner et l'évolution de l'Empire britannique*, Paris, PUF, 1950, p. 83.

Randolph S. Churchill a, de surcroît, retrouvé dans les papiers de son grand-père un mémorandum sans doute rédigé à la fin de 1896 ou au début de 1897, *Notre compte avec les Boers*, et qui ne fut jamais publié. Winston y évoquait l'« insolence des Boers » et défendait ses concitoyens de l'accusation d'être un peuple « sans scrupules » :

> « Si c'est être sans scrupules, pour le peuple de Grande-Bretagne, que de défendre ses intérêts les plus vitaux, d'étendre sa protection à ses compatriotes en détresse et de maintenir l'intégrité de son empire, "sans scrupules" est une expression qu'il nous faudra accepter... Pour le salut de notre empire, pour la sauvegarde de la race, il nous faudra combattre les Boers[2]. »

La maladroite manœuvre de Kruger qui, inquiet d'une contre-mobilisation anglaise, a exigé le 9 octobre 1899, par un ultimatum, le retrait des troupes anglaises stationnées à proximité de ses frontières est simplement expliquée par le caractère « hardi et audacieux » du président boer, et elle est l'incident qui, deux jours plus tard, donne le signal de la guerre.

Ce dont se souvient Churchill, c'est l'enthousiasme, voire l'excitation d'une foule londonienne en liesse, persuadée qu'on allait combattre pour une bonne cause. La Ligue de la Primevère, avec ses deux millions d'adhérents, a échauffé les masses sans épargner les notables. Elle bénéficie du relais de puissants médias : on est au temps des premiers journaux à sensation bon marché, dont le *Daily Mail*, fondé dès 1896, et, plus tard, en 1900, son concurrent le *Daily Express* ; l'un et l'autre se lancent d'autant plus vigoureusement dans le combat pour l'Empire

2. Randolph S. Churchill, *Churchill,* t. I, trad. fr. Paris, Stock, p. 419.

que la guerre sud-africaine trouve des lecteurs de plus en plus nombreux, en partie grâce à la disparition de l'analphabétisme, et qu'ils entendent lire les « vérités » qui les ont fait vibrer lors de meetings tumultueux.

Des intellectuels connus, ainsi de George Bernard Shaw, tombent dans le piège d'une propagande qui, sans nier le droit d'un peuple à la liberté, exalte le rôle que les grands empires vont jouer dans le destin des nations dans le proche XXe siècle ; on prétend volontiers que la thalassocratie britannique, l'« empire des mers » de la nouvelle Athènes, est mieux à même que de médiocres entités étatiques de garantir droits, paix et prospérité à toutes ses composantes. Nombre de sujets de Victoria estiment injuste qu'une troupe « ignare » de « paysans » dispose de puissants moyens financiers et militaires dont seule Albion serait en mesure de faire bon usage. La crainte n'est pas mince non plus que d'autres États ambitieux, à commencer par l'Empire allemand, s'emparent de nouveaux territoires et de leurs richesses, dont ils feraient le pire usage sur d'autres fronts.

Dans le Royaume-Uni, les mises en garde et les appels à la prudence seront limités, encore que proférés par des hommes de qualité : le leader libéral Campbell-Bannerman, le jeune David Lloyd George, des chefs syndicaux, ou encore Keir Hardie, fondateur du parti travailliste indépendant, et l'un des artisans de la naissance à terme du mouvement travailliste contemporain. Ceux-ci ne cesseront de discuter le bien-fondé d'une politique coûteuse et d'une expédition lointaine ; ils font ressortir que les frais de la guerre amoindriront encore les ressources propres à soulager les maux de la majorité des sujets de Victoria. Ce sera le thème, en 1902, du grand ouvrage du journaliste Hobson, *Imperialism, a Study*, dans lequel, reprenant en partie les thèmes anciens de l'école de Manchester sur le poids excessif des dépenses coloniales au profit des capitalistes et des aristocrates, il préfigure les idées léniniennes sur l'impérialisme comme stade ultime du capitalisme.

Pourtant, un socialiste bon teint, le « marxiste » Henry Mayers Hyndman, chef de la Fédération sociale-démocrate, après avoir dénoncé l'hystérie guerrière, trouve son chemin de Damas et, à partir de 1900, n'aura pas de mots assez durs pour dénoncer les Boers, « oppresseurs des Africains noirs », et leurs amis juifs dont ils défendraient les intérêts ; cela au grand dam de ses camarades d'outre-Manche, consternés, lors des réunions de la IIe Internationale, de l'entendre entonner un couplet nationaliste et en venir à exalter le destin civilisateur et émancipateur de sa patrie. Certains libéraux tenteront bien de faire la différence entre un impérialisme pur et juste et un « impérialisme jingoïste », mais sans démontrer clairement comment le chauvinisme change la donne.

La bonne conscience d'un jeune correspondant de guerre

Invité avant son départ à un dîner offert par le banquier Cassel en l'honneur de lord Gerard tout juste appelé à l'état-major du général Buller, Churchill se retrouve en compagnie du prince de Galles et d'« une quarantaine de personnes de la génération au pouvoir » : il en garde le souvenir d'une soirée passée loin de toute tension et de tout esprit de doute, aux côtés de gens dont l'influence sur les affaires publiques n'a d'égales que la gaieté et l'insouciance dont ils font preuve. Quoi d'étonnant si, pour lui aussi, l'exaltation patriotique l'emporte sans problèmes ?

Il ne néglige pas les avantages qu'il va retirer de sa participation comme correspondant de guerre aux opérations militaires. Le *Morning Post*, rappelle-t-il avec orgueil dans ses Mémoires, lui a fait un pont d'or : 250 livres par mois, tous frais payés : rappelons que cela représentait alors plus du double du revenu annuel d'un ouvrier qualifié. La campagne risque d'être courte ? qu'à cela ne tienne, le quotidien lui garantit un minimum de quatre mois d'honoraires. Et il jouira d'une totale liberté d'action et d'opinion. Jamais, souligne-t-il, on n'avait proposé meilleur contrat à un correspondant de guerre, encore moins à un jeune journaliste amateur tout juste âgé de vingt-quatre ans. Orgueil naïf, quand on pense à la distance qui sépare ce souvenir de sa transcription[3] ; mais il n'est pas injustifié et démontre a posteriori les avantages qu'il a retirés des libertés prises avec sa carrière militaire et son devoir de réserve.

Sa réputation et sa solide assise mondaine lui valent, avant son départ, un rendez-vous et une longue conversation avec le ministre Joseph Chamberlain, pourtant très requis par des événements d'Afrique qui le concernent au premier chef. L'homme n'a pas cessé de fasciner Churchill : il est « extraordinaire », parle tout en fumant le cigare et en offre un à son interlocuteur, se montre aussi confiant qu'enthousiaste. Mais Winston apprend également à cette occasion que la confiance d'un responsable peut reposer sur des données erronées : Chamberlain a foi dans les renseignements des services de la guerre et n'a pas prêté attention au rapport des services de

3. *My Early Life*, *op. cit.*, p. 236.

renseignements qui estiment, eux, qu'il faudra engager deux cent mille hommes pour venir à bout de l'adversaire ; il fait pleinement confiance au général Buller, nommé à la tête des troupes anglaises sur le terrain, lequel a renvoyé avec dédain, sans le lire, ce rapport « qui ne pourrait rien lui apprendre ».

Déjà critique à l'égard de certains de ses supérieurs en Inde et en Égypte, Churchill y renforcera son opinion à l'encontre de spécialistes qui se montrent aveugles et sourds devant les faits et les avertissements. D'où sans doute sa réminiscence des propos que lui a tenus à la même époque le sous-secrétaire d'État à la guerre George Wyndham, un civil, fort bien informé de la qualité des armements des Boers et très inquiet des risques encourus dans les débuts d'une campagne qui, selon lui, pouvaient se révéler « déplaisants ». Si l'on en croit ses dires, notre héros aurait pourtant réagi à ces inquiétudes d'une manière que l'on jugera effectivement tout à fait conforme à la mentalité forgée dans les écoles de l'élite victorienne :

> « Je fus très soulagé d'apprendre que la guerre ne serait pas un jeu sans adversaire et que tout ne se bornerait pas à une simple revue ou à une démonstration militaire. Je jugeai que les Boers faisaient preuve d'un excellent esprit de compétition en défiant l'ensemble de l'Empire britannique, et je me sentis tout à fait heureux d'apprendre qu'ils n'étaient pas sans défense[4]. »

Plus impressionnante est la conclusion qu'il tirera en 1930 - sans que l'on sache s'il y est parvenu dès le moment du conflit - des illusions des plus exaltés ; les mots qu'il y emploie sont en tout cas d'une importance capitale pour comprendre

4. *My Early Life, op. cit.*, p. 238.

ses positions dans l'entre-deux-guerres comme au début de la Seconde Guerre mondiale :

> « Ayons en mémoire la leçon. Jamais, au grand jamais, ne pensons qu'une guerre sera facile et aisée ou que tout voyageur décidé à s'embarquer pour cet étrange périple est en mesure d'en prévoir les vagues et les ouragans à venir. L'homme d'État qui succombe à la fièvre belliqueuse devra comprendre qu'une fois le signal donné il ne sera plus maître de sa politique, mais qu'il sera devenu l'esclave d'événements imprévisibles et incontrôlables. Des bureaux militaires routiniers, des chefs d'armée faibles, incompétents ou arrogants, des alliés peu sûrs, des neutres hostiles, la Fortune malicieuse, de tristes surprises, d'horribles erreurs de calcul - tout cela, au lendemain d'une déclaration de guerre, prend place à la table du Conseil. Rappelez-vous toujours, si assurés que vous soyez de pouvoir gagner sans difficulté, qu'il n'y aurait pas de guerre si, de l'autre côté, on ne jugeait pas aussi avoir ses chances de l'emporter[5]. »

Les illusions britanniques étaient, il est vrai, sans limites. Le Français Victor Bérard, qui invente alors le terme de « panbritannisme », décrit le ralliement aveugle de tous à l'entreprise de conquête ; la classe ouvrière elle-même s'est laissé séduire « par les grosses caisses patriotiques derrière les musiques militaires de l'impérialisme *jingo*[6] ».

Quand Churchill exprime son jugement a posteriori, il sait que quatre cent mille hommes, dont des soldats venus de l'Empire, en particulier quelques milliers d'Australiens, ont été

---

5. *Ibid.*
6. *L'Angleterre et l'impérialisme*, 1900, *op. cit.*, p. 378.

nécessaires pour venir à bout de l'intrépide adversaire. Il y aura fallu des méthodes honteuses : des villages de regroupement, de véritables camps de concentration où la mortalité des enfants est effrayante, une stratégie de la terre brûlée, une lutte anti-guérilla qui évoque pour nous les pires aspects de certains conflits contemporains. Il sait aussi que la guerre, fondée en métropole sur le recrutement de volontaires, a révélé une véritable décadence de la force nationale, de la « race » : dans certaines villes ouvrières, à commencer par Manchester, il a été nécessaire de refuser sept engagements sur huit, on a souvent constaté le degré de dégradation sanitaire - rachitisme, tuberculose, atrophies - auquel avait conduit un système sans pitié pour les souffrances des classes « inférieures ». Encore peut-il, en 1930, se consoler en songeant aux remèdes apportés rapidement à ces maux par le développement de dispensaires, la multiplication des médecins de santé publique, la définition de premiers et nécessaires services sociaux : le sociologue Richard Titmuss, analyste de l'État providence de l'après-Seconde Guerre mondiale, a vu là la preuve d'un lien entre la guerre totale et le progrès social, ce dernier issu de l'utilitarisme qui conduit les classes dirigeantes autant que de la nécessité de préserver l'unité nationale en donnant aux moins favorisés des signes d'une plus forte solidarité.

En 1899, on n'en est pas là. Winston part à bord du *Dunottar Castle*, en compagnie du général Buller et de son état-major, et d'autres correspondants de guerre. Posant pour la postérité au milieu de ses confrères, il est en strict costume civil, un nœud papillon en guise de cravate, une pochette blanche à son veston, et il paraît en route pour un plaisant reportage.

Il en confiera l'impression d'un long et ennuyeux périple

de quinze jours, au cours duquel les officiers n'ont qu'une inquiétude : celle de trouver l'affaire résolue à leur arrivée, tant il leur paraît inconcevable qu'une armée d'« amateurs » puisse prétendre l'emporter sur les forces britanniques même relativement peu nombreuses qui sont déjà présentes sur le terrain. Des informations douteuses, obtenues d'un cargo croisé en cours de route, jettent le deuil à l'annonce de la mort au combat du général britannique sir Penn Symons, mais rien peut-être ne provoque autant de chagrin que la (fausse) annonce de la défaite des Boers dans trois batailles successives : « Pouvait-on envisager qu'ils continuent de se battre sans espoir ? Dans notre groupe se mit à régner une profonde mélancolie. » Winston prétend avoir éprouvé du scepticisme sur la perspective d'une guerre écourtée et rapporte que cet état d'esprit lui valut de vifs reproches.

L'épreuve de la captivité

À l'arrivée, les nouvelles étaient d'une autre nature. Les Boers, bien équipés, excellents cavaliers, avaient envahi le nord du Natal et obligé une douzaine de milliers de Britanniques à se rendre. Ils assiégeaient Ladysmith, Mafeking et Kimberley. Avant l'arrivée de renforts, il n'y avait rien à espérer. Milner, en novembre 1899, faisait part de son désarroi à Joseph Chamberlain : « L'ennemi était plus nombreux, bien mieux armé quant à l'artillerie et beaucoup mieux organisé que nous ne l'avions pensé. » Dans une lettre du 31 janvier 1900 à Selborne, le sous-secrétaire d'État aux Colonies, il fait une analyse que V. Halpérin n'hésite pas à rapprocher de celle que le Premier ministre Churchill fera en 1940 après le désastre de Dunkerque[7] :

« Quel spectacle épouvantable ! Même si nous avons tous commis des fautes, qu'est-ce que cela fait vraiment ? Mais cette avalanche d'incompétence militaire, qui a presque liquidé l'Empire ! Où est vraiment le mal ? le savez-vous ? Des hommes splendides, des officiers splendides, et tant de choses - mobilisation, transports par mer et par fer, commissariat - admirablement faites... Excellent tout cela. Mais l'organisation centrale et les chefs choisis... Y a-t-il jamais eu un tel tissu d'erreurs ? Lorsqu'on en vient aux faits, c'est l'adoration la plus superstitieuse de l'ancienneté et une pusillanimité totale pour ignorer des fautes reconnues. »

Sans nous prononcer sur le rapprochement avec 1940, on admettra que Winston a appris sur le terrain sud-africain le coût des incompétences qu'il aura à dénoncer plus tard. Mais il a, dans l'immédiat, surtout songé à pourfendre les « gentlemen humanitaires », ces « odieux » libéraux pacifistes qui ont retardé, à l'instar d'un John Morley et d'un William Harcourt, la mobilisation de l'opinion et les indispensables décisions d'envoi de renforts : ils sont « responsables des lourdes pertes en vies humaines (déjà enregistrées)[8] ».

Le jeune correspondant de guerre, en faisant le « bilan de la partie en cours[9] », perçoit combien sa mission ne fait que commencer. Empruntant ce qu'il trouve de moyens de communication, un dernier train vers le nord, un petit bateau qui lui vaut le pire mal de mer de son existence, il rejoint les

7. *Op. cit.*, p. 93.

8. Cf. *London to Ladysmith*, éd. 1900, p. 24.

9. Le chapitre II de son *London to Ladysmith* est intitulé « The state of the game ».

lignes avancées. Il prend place à bord d'un train blindé. La description qu'il en a donnée à l'occasion d'une première expérience ne manque pas de saveur : « Un spécimen des plus limités, démuni de tout canon comme de toute mitrailleuse, sans toit au-dessus des wagons, sans protection aux créneaux de tir [...] ; la dénomination même paraît étrange ; une locomotive déguisée en chevalier errant ; l'agent de la civilisation sous les oripeaux de la chevalerie[10]. »

Le 15 novembre, le train est assailli et encerclé. Winston fait tout son possible pour le défendre. Il contribue aussi à permettre à la locomotive de repartir seule et d'aller porter à l'arrière la nouvelle du désastre. Il est fait prisonnier ainsi que la plupart de ses compagnons. Figure-t-il réellement dans le groupe des Anglais faits prisonniers par les Boers après l'affaire du train blindé et photographiés, quelque peu prostrés, le lendemain de leur capture ? La plupart de ses biographes ne se posent pas la question.

Churchill croit se rappeler avoir rencontré plus tard en des circonstances bien différentes le cavalier boer qui l'avait obligé à se rendre ; selon lui, ce n'est autre que le général Botha, qui, la paix revenue, allait devenir un homme d'État de premier plan de l'Union sud-africaine. Cette assertion fait l'objet de bien des controverses entre historiens, dont une majorité estime que Churchill se trompe, que Botha n'avait pas pris part à la lutte contre le train blindé et que la rencontre des deux hommes fut, au mieux, légèrement postérieure à l'action.

Capturé, Winston, par conviction ou fanfaronnade, déclarait à Haldane, l'officier commandant de la malheureuse

10. *Ibid.*, p. 52-53.

équipée, que « ces événements contribueraient à lui ouvrir les portes de la Chambre des communes ». Haldane s'est fait l'écho, dans ses propres Mémoires *(A Soldier's Saga)*, de ce propos qui semble si bien correspondre au caractère et à l'ambition de Winston. Pourtant, l'ivresse d'un bref combat dissipée, surtout heureux d'avoir pu se débarrasser de son pistolet et de ses balles et de n'avoir sur lui ni arme, ni munitions, il entend faire état de son statut de correspondant de guerre. Il se laisse aller aussi à quelques mélancoliques réflexions, reprises par le grand journaliste William Stead dans sa *Review of Reviews*[11] :

> « La lettre de M. Churchill décrivant ses expériences après sa capture par les Boers le hisse sans tarder au plus haut rang de sa profession. Rien dans les correspondances anciennes de Forbes ou de Russell n'a jamais surpassé sa description de la première nuit passée dans le camp boer. Sa surprise fut immense de découvrir qu'on le traitait avec l'humanité la plus extrême, car, il le rappelle, "j'avais lu bien de la littérature de cette terre des mensonges, et j'étais pleinement préparé à subir cruauté et indignité". »

Parler de « terre des mensonges » est bien. Si le diable était le père des mensonges, il se sentirait à coup sûr en famille au cœur de l'Afrique australe. Mais voici enfin un homme capable de dire la vérité, et voici ce qu'il nous rapporte :

> « "Quels hommes que ces Boers ! Pensant à eux, je les revoyais

11. *The Review of Reviews*, janvier 1900, 11. Stead a fondé ce mensuel en 1890, après son départ de la *Pall Mall Gazette* ; à la fois radical soucieux de justice sociale et un temps impérialiste, il est passé à la fin de la décennie à un pacifisme qui guide ses propos.

tels qu'ils m'étaient apparus le matin, à cheval sous la pluie - des milliers d'hommes fusil en bandoulière, indépendants, réfléchis, dotés de fort belles armes, commandés avec compétence, vivant à cheval, sans contrôle de commissaires aux armées, sans colonnes de ravitaillement ou de munitions, rapides comme le vent, forts d'une santé de fer et d'un dieu d'Ancien Testament sévère et dur, qui, ils n'en doutaient pas, allait anéantir les Amalécites. Et alors, couvrant les bruit de l'orage et de la pluie qui battait lourdement sur la paroi de tôle ondulée, j'entendis le son d'un chant. Les Boers chantaient leur psaume vespéral, et les accents menaçants - davantage l'écho de sentiments belliqueux que de l'amour et de la pitié - traversèrent mon cœur d'un frisson glacé, au point que j'en vins à penser que, après tout, la guerre était injuste, que les Boers étaient meilleurs que nous, que le Ciel nous était contraire, que Ladysmith, Mafeking et Kimberley tomberaient, que la garnison d'Eastcourt [point de départ du fatal train blindé] était destinée à périr, que des puissances étrangères interviendraient, que nous perdrions l'Afrique du Sud, et que nous nous trouverions au début de la fin. Ainsi, pour un temps, j'en vins à désespérer de l'Empire ; seul le soleil matinal qui éclaira la pièce à travers les fenêtres - d'autant plus étincelant après les pluies orageuses, d'autant plus chaud après les frissons du froid - rendit aux choses leurs véritables couleurs et leurs proportions."

Nous verrons *(sic)* ! Mais à moins de nous repentir, je serais tenté de partager les méditations nocturnes de M. Churchill plutôt que ses réflexions du petit matin. »

De ce texte d'un journaliste de qualité, saluant une étoile montante de la presse, mais aussi texte d'un adversaire de la guerre exploitant la déprime d'un soir d'un jeune impérialiste, bien des enseignements sont à tirer. Les réflexions de Churchill confirment combien la propagande de son camp avait été persuasive et à quel degré de mépris et de haine avait été poussée l'imagerie du Boer ; ainsi s'éclaire le ralliement de bien des Britanniques, moins informés et moins éduqués que Winston, à la croisade guerrière. L'hommage qu'il rend aux qualités militaires d'une armée à laquelle son ardeur religieuse confère un supplément d'âme peut s'interpréter, a contrario, comme la reconnaissance, par un expert, du déficit des professionnels britanniques en matière de moral militaire et de motivations éthiques. Quant au désespoir d'un instant dans l'évocation des destinées de l'Empire, comment ne pas y lire la traduction d'une foi impériale essentielle : la voir ébranlée produit en notre héros un vertige qui le mène vers les abîmes de visions apocalyptiques. On a là un exemple des dépressions qui, par moments, affectent notre héros et auxquelles nous avons fait allusion dans le chapitre précédent.

Les conclusions que, dans ses Mémoires, Churchill tire de l'épisode de sa captivité sont autrement positives... et à nouveau marquées du sceau d'un incurable arrivisme :

> « Ma mauvaise fortune, aurais-je pu prévoir l'avenir, devait jeter les fondations de ma vie future. Je n'allais pas être exclu de la campagne. Je n'étais pas destiné à languir dans une vie de prisonnier. J'allais m'échapper, et, par mon évasion, conquérir une renommée et une notoriété publiques qui, à partir de cet instant, me vaudraient d'être bien connu de mes concitoyens, et faire de moi un candidat recherché par un grand nombre de circonscriptions. Je fus aussi mis en position de gagner l'argent qui, pendant nombre d'années, assura mon indépendance et les moyens

matériels d'entrer au Parlement[12]... Mais ces événements et ces possibilités m'étaient cachés...[13] »

Suit un commentaire d'un ton également douteux sur le fait que, « civil capturé au combat », il ne fut pourtant pas inquiété de cette situation :

> « Les Boers étaient les personnes les plus humaines qui soient lorsque des blancs étaient concernés... Dans leur esprit, détruire la vie d'un blanc, même en temps de guerre, aurait constitué un fait aussi lamentable que choquant. »

L'allusion faite à son évasion se rapporte à un épisode survenu moins d'un mois après sa capture. Un mois qui lui parut, selon ses propres termes, une éternité, faite d'ennui, d'humiliation et de révolte contre sa condition de dépendance absolue. En charge du ministère de l'Intérieur en 1910-1911, il aurait tiré de cette expérience les motivations d'une réforme de la condition carcérale en Grande-Bretagne, créant de multiples formes de loisirs dans les prisons de Sa Majesté. L'emprisonnement lui a semblé une si triste condition qu'il en aurait aussi retiré la conviction que la peine capitale était préférable à une condamnation à la prison à vie[14] !

Quant à la « bonne fortune » qu'aurait finalement constituée sa captivité, l'expression se trouve curieusement employée dans la *Review of Reviews* de juin 1900, dans la rubrique d'analyse des « Livres du mois » consacrée aux « chroniques de la guerre » :

---

12. L'indemnité parlementaire n'est instaurée qu'en 1911 par le *Parliament Act*.
13. *My Early Life*, *op. cit.*, p. 263.
14. *My Early Life*, *op. cit.*, p. 266.

« M. Churchill a eu la parfaite bonne fortune d'être fait prisonnier au début de la campagne. Il est ainsi en mesure de décrire la guerre vue des deux côtés... Les chapitres les plus intéressants de son livre, intitulé *De Londres à Ladysmith via Pretoria* (Longmans, 6 s.), sont ceux où il reproduit ses conversations avec des soldats et des fonctionnaires boers. » [Sont alors repris les étonnements mentionnés plus haut et le rappel du respect que lui inspira la vision de la troupe ennemie.]

Mais il ressentit bien autre chose face aux fonctionnaires de Pretoria : « Ici, à Pretoria, tout est petit et méprisable... Je crus respirer la corruption. Ici se trouvaient les créatures qui s'étaient engraissées des dépouilles. » Et le rédacteur de souligner en disant combien l'image était née de l'héritage familial de l'auteur : « C'était Tammany Hall défendu par les Côtes-de-Fer[15]. »

Revenons à l'évasion de Churchill. Celle-ci s'était imposée comme la seule solution, dès lors que les autorités ennemies avaient décidé de rester sourdes aux nombreuses demandes de libération formulées par le « correspondant de guerre » : trop de témoins l'avaient vu activement participer aux combats du train blindé, et sa célébrité même en faisait une sorte d'otage de choix. Ses lettres adressées aux responsables des Boers, ses affirmations qu'il était un civil et rien d'autre, la parole qu'il proposait de donner de quitter l'Afrique du Sud dès son éventuelle libération demeurèrent sans effet. Pourtant, peu avant son évasion, des pressions puissantes exercées depuis les États-Unis et l'Angleterre sur Petrus Joubert, général en chef des

15. C'est-à-dire les hauts lieux de la démagogie politique américaine d'une part, les puritains de Cromwell de l'autre.

troupes orangistes, semblaient avoir convaincu ce dernier qu'il valait mieux céder et, par un geste conciliant et peu coûteux, convaincre le monde extérieur de la qualité de la nation boer. Le captif, ignorant tout de cette évolution, aurait en somme pris le large un peu trop tôt ! Dans son récit, soulignant les énormes efforts déployés pour remettre la main sur lui, il exprime ses doutes et affirme que la « générosité » soudaine du général Joubert aurait surtout été manifestée dans les communiqués à la presse publiés après son évasion dans le dessein de minimiser la portée de son geste.

L'épisode lui-même a fait l'objet de quelques polémiques. Trois prisonniers devaient tenter leur chance en même temps. Churchill, profitant d'une occasion favorable, se serait éclipsé par la route prévue, sans plus attendre ses compagnons : il escalada le mur des latrines et se laissa retomber dans un jardin voisin, non gardé. Il s'est toujours défendu d'avoir commis une vilenie : ayant franchi les obstacles, il avait patienté près d'une demi-heure en attendant ses deux compagnons, lesquels se firent en fait repérer par une sentinelle au moment même où ils s'apprêtaient à sauter. Version confirmée par ses « partenaires », en particulier le capitaine Haldane, évadés eux-mêmes quelques semaines plus tard et qui n'ont jamais attribué qu'à leur propre malchance de n'avoir pas pu lui tenir compagnie. Ne connaissant pas la langue ennemie, démuni de toute boussole, et sans aucune idée du terrain, Winston décida de tenter de gagner la ligne de chemin de fer menant de Pretoria à Delagoa Bay. « J'avais en poche 75 livres et quatre tablettes de chocolat, mais ni compas, ni carte[16]. »

16. Sur l'ensemble de l'épisode de l'évasion, *London to Ladysmith*, *op. cit.*, ch. XI, p. 179-206.

Selon son témoignage, publié en 1900, il se serait engagé sans hésiter dans la rue, croisant des civils qui eurent le bon goût de ne pas lui adresser la parole ; contrairement à ses camarades officiers, il portait des vêtements ordinaires. Se guidant sur les étoiles pour prendre la bonne direction, il se serait jeté dans le wagon de marchandises d'un train en partance, le quittant à proximité de Witbank, à une centaine de kilomètres de Pretoria. Après plusieurs journées de marche, il en aurait choisi un autre pour se rendre en territoire portugais. Dans la réalité, qu'il devait alors dissimuler encore, les choses connurent un déroulement bien moins « individuel ». Une nuit dans l'obscurité, près de Witbank, dans l'attente d'une occasion favorable, et puis le coup d'audace et de chance tout à la fois : mourant de faim et de soif, il décida de se diriger vers de petites maisons voisines et, par hasard, frappa à la porte du directeur anglais d'une exploitation minière, John Howard. Ce dernier n'hésita pas, malgré le risque, à cacher le fugitif et fit appel, pour l'aider, à quelques compatriotes : l'un d'eux, Dan Dewsnap, se trouvait être originaire d'Oldham... et prédit à son hôte que ses concitoyens voteraient pour lui à la prochaine occasion ! Après trois journées, une fois les opérations de recherche, d'abord fort actives (son signalement avait été diffusé partout, dont sa taille de cinq pieds huit pouces, environ 1,73 mètre), épuisées, on lui fit quitter la galerie de mine qui lui avait servi de refuge et il put, caché sous des ballots dans un train de marchandises, gagner le territoire portugais.

Le 23 décembre 1899, après avoir embarqué à Lourenço Marques à bord de l'*Induna*, il se retrouvait à Durban, accueilli par une foule en liesse pour qui son arrivée constituait une bonne nouvelle au milieu d'informations alarmantes sur la situation militaire. Il devenait la preuve vivante que les Britanniques étaient des hommes de courage et de ressource, et que, dans les pires conditions, ils pouvaient se tirer des mailles du filet adverse. Ce qui est certain, c'est que, photographié, il avait alors la fière allure du jeune aventurier : quelque peu dépenaillé, la chevelure plus hirsute qu'elle ne le sera jamais, un chapeau de cavalier entre les mains.

Des succès britanniques à l'idée d'une paix des braves

L'armée britannique avait été d'abord si médiocrement commandée qu'elle n'avait pas pu redresser la situation. Sans aucun souci du fair-play, les Boers avaient utilisé mitrailleuses et obusiers modernes contre des régiments de cavalerie dont les officiers étaient imbus de la conviction que le sabre et la lance, maniés par des bras vigoureux, feraient toujours la différence ! Buller, rétrogradé au poste de commandant des seules troupes du Natal, dut céder sa place de commandant en chef à lord Roberts, assisté de Kitchener, héros du Soudan et bête noire de Churchill. Ce dernier, tout à sa haine contre l'ancien chef de l'armée anglo-égyptienne, use dans une lettre privée du 7 avril 1900 à Joseph Chamberlain[17], de tout son venin :

> « Nous avons tous entièrement confiance dans lord Roberts... J'apprends qu'il a eu l'occasion de remettre à plusieurs reprises lord Kitchener à sa place et tout le monde ici sait bien qui commande l'armée et quel cerveau dirige ses mouvements. »

---

17. Randolph S. Churchill, *op. cit.*, p. 479-480.

Il obtient, après son évasion, une affectation de lieutenant dans un régiment de cavalerie d'Uitlanders, constitué donc de citoyens britanniques des territoires boers. Il n'en conserve pas moins le statut de correspondant de guerre. Winston ne tarde pas à faire le constat qu'on ne gagnera pas aisément la bataille. Une opération de dégagement de Ladysmith aboutit entre les 23 et 26 janvier 1900 à la véritable boucherie de Spion Kop (Spion Mountain) : après une première progression, les Britanniques sont pris sous le feu de l'artillerie et des fusils adverses, et la confusion la plus totale prévient toute manœuvre. Le lieutenant Churchill fait en vain la leçon au général de brigade commandant l'opération, et le tout se solde par une retraite en désordre et par des pertes considérables - quelque dix-huit cents tués.

Frappé dans son orgueil de Britannique, Winston était de plus attristé par la blessure de son cadet. Son frère Jack, alors âgé de dix-neuf ans, s'était engagé dans l'armée et avait rejoint l'Afrique du Sud, en compagnie de leur mère, à bord du navire-hôpital le *Maine*, que Jenny avait réussi à armer grâce aux apports financiers de riches Américains. Toute une partie de la famille se trouvait ainsi aux avant-postes, d'autant qu'une sœur de Randolph, lady Sarah Wilson, avide d'émotions fortes, avait fini par se retrancher dans Mafeking assiégée. Quelque peu indifférent aux dangers encourus par sa tante, séduisante jeune femme de trente-cinq ans, Winston fut bien plus chagrin en apprenant que son frère avait été blessé au mollet lors de sa première escarmouche... et était devenu l'un des premiers patients britanniques soignés à bord du *Maine*.

Une série de victoires succéda pourtant aux défaites initiales. L'armée boer dut rapidement abandonner Kimberley ; le

28 février, Churchill fut l'un des premiers à entrer dans Ladysmith et, le soir même, à sabler le champagne avec les officiers d'une garnison qui avait soutenu près de quatre mois d'un siège éprouvant. Il séjournera tout un mois dans la ville et y rédigera son *De Londres à Ladysmith via Pretoria.*

Sur les photographies de la fin, déjà sa silhouette s'est alourdie et tassée, sur un cheval sans grande allure, un chapeau plus fatigué que lui sur la tête. Dans ces derniers moments de sa vie où il revêt l'uniforme pour servir au combat, il conserve toute sa résolution et sa fierté, mais, illusion prodiguée par l'image, il semble lassé par de telles campagnes, glorieuses peut-être mais sans la promesse d'un avenir éclatant ou de récompenses brillantes.

Est-ce la conséquence de cette lassitude ? Le ton des correspondances qu'il envoie alors au *Morning Post* a notablement changé. Il n'hésite pas à prendre le contre-pied des lecteurs « jingoïstes[18] » du journal et des points de vue de son rédacteur en chef en affirmant que « l'Afrique du Sud ne connaîtra la paix et le bonheur que par la fusion et la concorde entre les races hollandaise et britannique ». Il plaide pour une « politique de générosité et de pardon ». Dans son *Early Life*, il reproduit le texte de sa dépêche du 24 mars, dont il semble ainsi avoir longtemps conservé la fierté[19] :

> « Malgré les ressentiments des colons loyalistes qui combattent si bravement pour l'Empire, j'espère et prie avec gravité qu'une politique généreuse de pardon soit adoptée... La sagesse et

18. Depuis 1878 et une chanson de caf'conc' furieusement chauvine qui citait un dieu mystérieux des guerres, Jingo, le terme équivaut à « chauvin ultrapatriote ».
19. *My Early Life*, *op. cit.*, p. 337-338.

l'intelligence consistent à abattre tous ceux qui résistent, parfois jusqu'au dernier, mais non pas à être avare de grâce, ni même d'amitié en faveur de quiconque désire se rendre. Les fermiers hollandais qui ont rejoint l'ennemi ne sont des traîtres que dans l'acception juridique du terme... À coup sûr, leur comportement est moins répréhensible moralement que celui d'Anglais, citoyens à part entière des Républiques et qui combattent avec autant de vigueur que de véritables belligérants contre leurs propres compatriotes.

Pourtant, même ces Anglais mériteraient quelque tolérance si leur citoyenneté ne les protégeait pas juridiquement... Le traître hollandais... comme le citoyen né Britannique ne sont l'un et l'autre que les fruits de nos fautes et de nos crimes en Afrique au cours d'années antérieures... D'un côté on a de puissantes armées qui avancent irrésistiblement, en tuant et en frappant à l'aide de toutes les effrayantes machines de guerre ; de l'autre, la ferme paisible abritant une épouse et ses enfants sous la protection d'un gouvernement aussi généreux qu'il est puissant. La politique qui tiendra ces deux images réunies à jamais sous les yeux des soldats républicains est réellement "complète" et c'est là que se trouve la route la plus courte vers une "paix dans l'honneur". »

Revenant sur les réactions hostiles de ses lecteurs, il dénoncera, trente ans plus tard, un gouvernement « qui s'était rallié à la nation » et des conservateurs qui avaient réagi « avec colère ». Mais il se souvient également que lord Milner, haut-commissaire britannique, avait fait « preuve de bien plus de compréhension », reprenant, au cours d'une conversation, les termes mêmes de Churchill, « ils devront pardonner et oublier, pour construire une patrie commune », tout en relevant que le moment de le dire n'avait sans doute pas été bien choisi. À la victime d'attaques souvent virulentes, le propos parut encourageant, et il dit lui-même que son attitude a eu ses lendemains en d'autres occasions : prompt à faire la guerre sans pitié envers l'ennemi, il aurait toujours été disposé à tendre la main au vaincu ; et il se serait ainsi souvent trouvé en porte à faux, comme dans le cas d'une inscription qu'il aurait voulu faire figurer sur un monument en France après la Grande Guerre : « Dans la guerre, résolution. Dans la défaite, défi. Dans la victoire, magnanimité. Dans la paix, bonne volonté[20]. » Éclairante, ô combien, des comportements churchilliens pendant et après la Seconde Guerre mondiale, cette démarche est donc le fruit de l'expérience acquise en Afrique du Sud et du sentiment exaltant d'y avoir eu raison avant les autres.

La campagne du Natal terminée, l'armée britannique se porte, à travers l'Orange, en direction du Transvaal. Winston, qui n'éprouve aucun problème à se faire mettre en congé de service militaire, obtient en revanche difficilement de rejoindre comme correspondant de guerre la nouvelle offensive. Ni Roberts, ni Kitchener ne le portent dans leur cœur. Parmi les raisons de l'hostilité de Roberts, figure le jugement caustique porté par Churchill sur le piètre sermon prononcé par un aumônier aux armées à la veille de la bataille de Vall Krantz, après la déroute de Spion Kop ; au lieu de paroles exaltantes, il disait avoir entendu la plus ennuyeuse des homélies et, irrespectueux des élites de son pays et de la position de l'Église établie, il avait osé écrire que « Rome saurait peut-être saisir l'occasion ignorée par Cantorbéry. »

20. *My Early Life*, *op. cit.*, p. 339.

Finalement, le général en chef céda aux instances de certains de ses officiers préférés, amis de Churchill. Mais il agrémentait son assentiment de la note méprisante qu'il le faisait « en souvenir de [lord Randolph] », dont il avait été un très grand ami. Et, aux dires de Winston, il le « snoba » continuellement par la suite.

Malgré les attentes du *Morning Post*, qui ne lui ménage pas de considérables frais d'équipement, il n'est pas toujours présent quand se fait l'événement, et il ne participe pas, le 17 mai, à la délivrance de Mafeking, dont l'annonce à Londres provoque un sommet de délire populaire. Il mène souvent *sa* guerre, accompagne de petits détachements dans des opérations de patrouille plus ou moins risquées, toujours assuré de sa bonne étoile et enthousiaste aventurier de l'instant. Il sait prendre les risques les plus insensés : le général Hamilton, désireux, le 2 juin, de faire porter une dépêche à Roberts, se désespère des délais prévisibles d'acheminement car, les colonnes britanniques avançant en tenaille, son messager aura à contourner les territoires encore tenus par les Boers ; Churchill propose de passer lui-même par Johannesburg à bicyclette, en compagnie d'un Français de ses relations, avec lequel il s'entretiendra à voix haute dans sa langue pour tromper les ennemis armés qu'ils croiseront. Le stratagème réussit et vaut à son auteur d'entrer enfin dans les bonnes grâces du commandant en chef.

Roberts l'autorise à faire partie de la colonne de tête chargée d'occuper Pretoria. Il entre dans la cité en compagnie du duc de Marlborough, son cousin, et se précipite vers le nouveau camp de prisonniers britanniques, pour y délivrer bon nombre de ses anciens camarades de captivité ; selon certains témoins, il aurait lui-même hissé le premier drapeau de son pays à flotter sur Pretoria depuis 1881 ; relatant l'épisode, Churchill se contente pourtant de mentionner le lever des couleurs de l'Union Jack et d'en noter le jour, le 5 juin, et l'heure : 8 heures 47. On imagine sans peine son exaltation. Comme à d'autres, et à tort, la prise de la capitale lui semble annoncer la fin prochaine de la guerre et il dit son intention de regagner la Grande-Bretagne.

Si l'on en croit le général Hamilton, vainqueur officiel du combat, Churchill s'illustre encore le 11 juin en prenant part à la dernière grande bataille ouverte entre les forces du général Botha et une colonne britannique. La victoire de Diamond Hill, à quelque vingt-cinq kilomètres de Pretoria, entraîne une retraite générale de l'ennemi, et elle serait largement due à la clairvoyance et à l'audace de Winston : ce dernier, ayant perçu le tout premier l'importance stratégique du contrôle du sommet d'une colline, l'escaladait « comme un éclaireur », et pouvait donner le signal d'un assaut frontal rapide et victorieux. Selon Hamilton, l'exploit aurait valu à tout autre la Victoria Cross, mais l'animosité de Kitchener et de Roberts aurait trouvé l'alibi de refuser un tel honneur à un « correspondant de guerre[21] ».

Les grands et petits profits du courage

Le 20 juillet 1900, pensant avoir vécu l'essentiel de la guerre, il quitte l'Afrique du Sud : en fait, celle-ci est livrée pour deux ans encore à une cruelle guérilla. Il débarque à Southampton ;

21. Sir Ian Hamilton, *Listening for the Drums*, 1944.

le long périple à bord du *Dunottar Castle* lui a permis de mettre la dernière main au manuscrit de *Ian Hamilton's March*, qui sera publié en octobre et qui, faisant suite à *London to Ladysmith*, ajoutera huit mille lecteurs, déjà acquis ou nouveaux, aux quatorze mille acquéreurs de son premier récit sud-africain.

Quant aux profits financiers que sa mission a valus à notre glorieux correspondant de guerre, en plus de son *River War* et de ses récits de campagne en Afrique australe, Churchill aura vendu, et fort bien, en Angleterre comme aux États-Unis, son roman *Savrola*. Largement ébauché aux Indes, sa rédaction interrompue par la priorité donnée à ses récits de guerre, le roman est publié en tant qu'ouvrage en février 1900, simultanément à New York et à Londres. Son thème est une révolte menée par le héros qui prête son nom au récit, contre un tyran détesté mais doté d'une belle épouse, laquelle, bientôt, devient l'amante de son pire ennemi. Située quelque part dans le monde balkanique ou peut-être même en Amérique du Sud, l'intrigue est compliquée à souhait, mêlant descriptions de combats et de massacres, chants d'amour et recueil de pensées politiques ; ces dernières ont été lues aujourd'hui comme annonciatrices des grandes envolées rhétoriques du Churchill de la Seconde Guerre mondiale, et figurant une sorte d'autoportrait du caractère et des comportements propres à l'auteur. Dans son *Early Life*, non sans modestie, réelle ou feinte, Churchill affirme avoir conseillé à ses amis de s'abstenir de lire ce roman, dont le principal mérite aurait été de lui rapporter en quelques années près de 700 livres. Donnée, nous le savons, nullement négligeable aux yeux de l'ex-officier : il songeait toujours à arrondir le trésor de guerre indispensable au lancement d'une carrière politique. N'est-ce pas deux mois après son retour qu'il lancera sa campagne personnelle à Oldham ?

D'autres profits matériels tirés de l'aventure sud-africaine sont liés aux dix mois de salaire versés par le *Morning Post*, soit quelque 2 500 livres. Ils se concrétisent encore dans les exceptionnels tirages de ses ouvrages et sont complétés par les gains que valent au nouvel élu le prix d'entrée réclamé à tous les auditeurs avides d'entendre de sa bouche le récit de ses exploits. De la fin octobre à la fin novembre, il parcourt son pays, prononçant une conférence d'une heure presque tous les soirs, et parfois deux par jour. Son trésor de guerre, 4 000 livres à son retour, est accru de 4 500 autres par le fruit de ces tournées.

Après quoi, s'embarquant à bord de la *Luciana*, il part vendre sa « marchandise » en Amérique du Nord. Il y séjourne à compter du 8 décembre 1900, et rencontre à cette occasion le président McKinley et son proche successeur, Theodore Roosevelt. Il connaît, à l'occasion de ses conférences publiques, des échanges parfois houleux. Ainsi avec Mark Twain, appelé à présider l'une d'entre elles et qui dit son aversion pour le « péché » de la guerre sud-africaine - et pour l'identique péché commis par les États-Unis aux Philippines. Évoquant la réception vociférante de ses auditeurs de Chicago, Churchill s'en tient au vieil axiome « Dans la vérité comme dans l'erreur, c'est ma patrie », mais il n'hésite pas à rendre hommage au courage des Boers. Il s'épargne toute critique contre le nouveau cours de la guerre, la cruauté déchaînée des deux côtés, le camp anglais étant sous la responsabilité suprême cette fois du général Kitchener. Au vu de ses prises de position antérieures, il n'aurait pu que dénoncer les horreurs commises et regretter que la grande réconciliation escomptée fût ainsi retardée.

Winston attribue à l'indifférence relative des Américains et à leur « fort sentiment proboer » l'échec relatif d'une tournée qui lui fait parcourir une grande partie de la côte Atlantique des États-Unis, et à l'impéritie de ses agents la relative déception financière de son extension au Canada. Il reviendra du Nouveau Monde avec un bénéfice net de 1 600 livres et l'impression, confiée à sa mère, d'un « travail parfois bien désagréable ». Peu avant de s'embarquer à New York, le 2 février 1901, il a appris à Winnipeg la mort de la reine Victoria, survenue le 22 janvier précédent, et l'accession à la Couronne d'un roi-empereur, Édouard VII, qu'il connaît bien et dont il se sait apprécié.

De retour au pays, il passe encore quelques semaines en conférences, au point d'en être, de son propre aveu, épuisé.

Sa fierté est bien d'avoir engrangé au total 10 000 livres. Il les a remises au banquier Cassel avec, pour seule instruction, « Nourrissez mes moutons ». « Il les soigna avec une grande prudence. Ils ne se multiplièrent pas rapidement, mais ils engraissèrent continûment et jamais aucun ne mourut. » Cette métaphore renvoie aux actions et aux obligations achetées en son nom[22] et elle pourrait ressembler au cri de triomphe d'un moderne Harpagon. Elle est facile à interpréter, si on lit le soulagement exprimé dans le même paragraphe : « J'étais entièrement indépendant et n'avais pas besoin de m'inquiéter de l'avenir, ou, pendant bien des années, de travailler à autre chose qu'à la politique ! » C'est que 10 000 livres 1900 auraient valu,

22. *My Early Life*, *op. cit.*, p. 369.

si l'on suit l'estimation de Martin Gilbert en 1991[23], l'énorme somme de 440 000 livres 1991, près de quatre millions et demi de nos francs. Quand, en 1900, l'impôt sur le revenu plafonne à 3 %.

23. *Churchill, A Life*, 1991, éd. Minerva 1992, p. 131. L'estimation de Gilbert porte sur le gain de 2 050 livres du correspondant de guerre du *Morning Post*, et nous avons extrapolé.

Le décollage d'une carrière politique

À la fin de 1900, le jeune aventurier était enfin prêt à assumer son destin d'homme public. Sa personnalité comme ses idées ont suffisamment mûri au feu de tant de guerres asiatiques et africaines pour que son entrée dans l'arène politique ne soit pas celle, banale, du jeune héritier d'une grande lignée. Aux talents du verbe, écrit et parlé, il ajoute la jeunesse et la séduction physique. Il est prêt à réussir dans sa nouvelle vie et à cheminer avec élégance sur la voie politique qu'il veut désormais sienne.

La victoire électorale

Les élections générales, dites élections « kaki » en rappel de la couleur de l'uniforme des soldats d'Afrique, et d'une dissolution inspirée par l'espoir du cabinet Salisbury d'encaisser les dividendes de la proche victoire, devaient se dérouler entre le 28 septembre et le 24 octobre 1900, sans qu'une date identique soit imposée pour le vote dans l'ensemble des circonscriptions. À Oldham, où Winston avait choisi de se représenter, elles eurent lieu le 1er octobre.

Il s'était installé à la mi-septembre dans une petite maison située en bordure d'Oldham, mais avait déjà passé une partie du mois d'août à faire campagne, tout en acceptant de prendre la parole dans une douzaine d'autres villes, perfectionnant, ce faisant, sa rhétorique sans oublier de flatter les journalistes et de devenir ainsi un personnage omniprésent dans la presse. Il ne cessa plus d'être sollicité de toute part du côté conservateur et unioniste et, son succès acquis, il participa à la campagne de candidats moins sûrs de leur bonne fortune.

Il fut élu de justesse. Deux sièges étaient à pourvoir ; le premier alla à un libéral qui convainquit 12 947 votants, le second à Winston avec 12 931 voix ; il ne l'emportait que de 221 suffrages sur le second candidat libéral. Les résultats étaient si serrés que le *Times*, dans un premier temps, avait annoncé la défaite de Churchill. La cité ouvrière avait en tout cas démontré que le torysme social associé au prestige patriotique pouvait avoir son retentissement dans le Lancashire cotonnier.

Oldham avait connu tout au long du siècle une expansion démographique qui l'avait fait passer de 12 000 habitants en 1801 à 137 000 en 1901. Cet essor ne s'était pas fait sans à-coups, et l'accélération avait été considérable dans les dernières décennies de l'âge victorien, à partir de l'étiage de 83 000 habitants en 1871 : 65 % de croissance en trente ans.

Selon l'observateur contemporain Allen Clark[1], cette population se divisait en trois classes : la première incluait « les employeurs, les membres du clergé, les hommes de loi, les médecins, les négociants importants » ; la segrégation de l'habitat, constatée depuis longtemps à Manchester, lui valait de vivre dans d'agréables artères résidentielles suburbaines, de dominer la vie mondaine et de prendre rang aux premiers bancs des temples. La deuxième était composée des commis les mieux rémunérés, de libraires, de gérants de sociétés et de l'aristocratie ouvrière : « Leurs logements se situent dans des rues plus étroites, sans arbres, ils boivent leur bière dans des lieux plus modestes », ils ont un train de vie médiocre, ne disposent que des transports publics ou de leurs jambes pour se déplacer, mais lisent des journaux et empruntent des livres. Au bas de l'échelle sociale, « les manœuvres et les ouvriers pauvres », habitant « dans de petites maisons mitoyennes surpeuplées..., bordant des rues étroites », « on trouve de nombreuses boutiques de prêteurs sur gages dans leurs quartiers », leurs loisirs sont grossiers, « ils n'ont ni livres, ni temples, ni accès aux arts ».

Cette structure sociale ne constitue pas un descriptif de l'électorat. À l'époque, il est obligatoire de s'enregistrer pour voter et de satisfaire à de strictes conditions de résidence (un an au moins) ; le fait de devoir voter en semaine contribue à réduire les ardeurs civiques de travailleurs dont Clark nous dit qu'ils sont mal informés. Un candidat ouvrier, aux moyens financiers réduits, n'aurait guère eu de chance de l'emporter. Mais un homme capable de séduire l'électorat populaire sans

1. Il publie en 1899 *The Effects of the Factory System*, réédité à deux reprises jusqu'en 1913, et il a choisi Oldham comme l'un des archétypes d'une ville industrielle à fonction unique.

effrayer les classes moyennes et les grands bourgeois, et dont la philanthropie sociale correspond à l'état d'esprit de bien des petits-bourgeois, en particulier en dehors de l'Église anglicane, était bien placé pour conquérir un siège. Le torysme social pouvait précisément résoudre cette équation, encore davantage si son porte-drapeau se révélait être un homme de conviction et d'éloquence. On comprendra les appels adressés à Winston pour qu'il se présente dans la circonscription, et les raisons profondes de son succès.

Comme l'avaient toujours escompté les disciples de Disraeli, l'enthousiasme patriotique contribuait à minimiser les plus graves des antagonismes de classe. Winston, comme bien d'autres candidats, a eu la chance de voguer sur la grande vague nationaliste du moment, quand le slogan des hommes au pouvoir proclamait que « voter pour un adversaire de la guerre était apporter un soldat de plus à l'armée ennemie ». L'argument visait ceux des libéraux qui avaient affirmé leur pacifisme et leur hostilité à la guerre. Il effaçait pour un temps l'attrait de la gauche libérale, ces « radicaux » auxquels le programme de réformes sociales valait souvent le suffrage de la classe ouvrière : dans une lettre à Bourke Cockran, Winston peut ainsi mettre l'accent sur la nature supposée de son électorat « dans l'une des circonscriptions peut-être les plus peuplées d'Angleterre, comptant 30 000 prospères électeurs ouvriers[2] ».

Il avait bénéficié de l'attention des plus grands leaders tories et des unionistes, leurs associés. Balfour lui-même, successeur quasi désigné de son oncle Salisbury le jour où celui-ci prendrait sa retraite de Premier ministre, avait prévu de prendre la

2. Cité in Martin Gilbert, *Churchill, A Life*, Londres, éd. Minerva, 1992, p. 136.

parole à Oldham avant d'en être empêché par d'autres affaires urgentes ; Joseph Chamberlain, ministre ô combien influent des colonies, n'avait pas hésité, malgré les fatigues d'un voyage ferroviaire de quatre heures, à venir soutenir son jeune ami dans sa campagne. Pourtant, ce succès finalement obtenu par une marge étroite, il l'attribuera à sa capacité de capter, grâce à son propre message, des électeurs normalement fidèles au parti libéral.

Le tout nouveau député d'Oldham - qu'une photographie quasi officielle représente assis devant son bureau, concentré sur la lecture de quelques papiers d'importance, la mine grave, le visage étoffé d'un homme sorti de l'adolescence, impeccablement vêtu, en redingote noire, faux col strict, ses cheveux séparés en deux par une raie parfaite - garde quelque chose de l'allure romantique de l'homme d'action. Mais domine déjà le sérieux de l'homme d'État.

« Self-made-man » ou produit d'un milieu ?

Le Winston de 1900 devient le plus choyé des jeunes espoirs de la nouvelle génération politique. Une question se pose : doit-il son succès pour l'essentiel à ses seuls mérites ? Les historiens demeurent partagés. Le débat a été récemment repris et renouvelé par David Cannadine[3]. Celui-ci part de l'idée que Churchill, qui, sa vie durant, a prétendu vouloir se distancier de ses attaches aristocratiques, a, selon les termes de C.P. Snow, été en fait « le dernier aristocrate à régenter ce pays » : il

3. In *Churchill*, Robert Blake and Wm. Roger Louis ed., Oxford, Clarendon Press, 1996, p. 9-20 : « 1-Churchill and the Pitfalls of Family Piety ».

Le nouveau député d'Oldham, octobre 1900. *D.R.*

n'oublia jamais ses origines, au point de se faire enterrer dans le cimetière de Bladon, à portée de vue du palais de Blenheim, et il considéra toujours que le duc de Marlborough était, par nature, le chef de sa famille. Ses relations aristocratiques, rappelle Cannadine, il les avait exploitées sans vergogne pour s'introduire, avant 1900, dans les cercles les plus influents et obtenir dérogations et recommandations utiles. Il bénéficia pleinement de sa parentèle : « Par sa naissance et par ses attaches, il fut un membre du "cercle intérieur" magique [de l'élite politique] et il apprit très tôt à en tirer les ficelles à son avantage. »

Les frais de sa campagne de 1900 furent en partie couverts par une contribution de son cousin, le neuvième duc. En août, celui-ci avait loué pour Winston un appartement londonien à Mayfair, à proximité de Hyde Park, entre Piccadilly et Oxford Street, quartier qualifié par le guide Baedeker de 1894 comme « l'un des plus élégants » de la capitale et, par le même guide[4], encore en 1908, de « l'un des plus à la mode ». Le député d'Oldham conserva cette « garçonnière » pendant six ans, et en convertit une partie en bureau. Winston a souvent fait allusion aux relations personnelles qu'il avait développées, à ses rencontres avec le baron de Rothschild, le marquis de Rosebery, le marquis de Salisbury, et tant d'autres étoiles du monde financier et étatique. Faisant partie par définition d'un cercle aristocratique, il pouvait pourtant prétendre qu'il aurait été dédaigné par de tels personnages si, passées leur curiosité et leur bienveillance initiales

4. Baedeker, *Londres et ses environs*, éd. fr., Paris, 1894, p. 195, et *Baedeker's London and its Environs*, Londres, 1908, p. 325.

pour le fils de Randolph, il ne les avait pas convaincus et séduits par ses propres mérites.

Au nombre de ses admirateurs épisodiques, il pouvait bien entendu compter le prince de Galles, bientôt devenu le roi-empereur Édouard. Mais, que ce soit pour se souvenir d'un père un instant humilié par ce même prince en 1876, ou par une manifestation d'orgueil ordinaire dans des familles ducales peu respectueuses de la prééminence des Saxe-Cobourg-Gotha, ou encore par un sentiment prématuré de sa propre supériorité sur un prince arrivé vieilli sur le trône, Winston ne professa pas à l'égard d'Édouard VII, lors de son avènement, la considération et la fidélité qui auraient pu lui valoir d'heureuses retombées.

« Révolutionnera-t-il complètement son genre de vie ? Vendra-t-il ses chevaux et se séparera-t-il de ses juifs ? Deviendra-t-il désespérément sérieux ? Continuera-t-il de vous témoigner son amitié ? Nommera-t-il la Keppel (sa maîtresse) dame de la chambre de la reine ? » Telles étaient quelques-unes des questions qu'il posait à sa mère, Jenny[5], sur Édouard VII le jour même de l'annonce de la mort de Victoria. Avec Philip Ziegler, il est permis de penser que sa dévotion pour le titre et la dignité du roi-empereur l'emportait sur une déférence envers l'homme en charge du trône[6]. Cela ne le destinait pas à devenir un courtisan dévoué en quête de récompenses.

Les cartes familiales ne comprenaient pas que des atouts. « Sunny » Marlborough, titulaire du duché de 1892 à 1934, fit face malaisément à des besoins d'argent criants, déjà affrontés

5. Randolph S. Churchill, *Churchill*, Paris, Stock, t. I, 501, Lettre de Winnipeg du 22 janvier 1901.

6. « Churchill and the Monarchy », in Blake and Roger Louis, *op. cit.*, p. 187-188.

par son père, et il ne sut pas redresser la situation au point de garantir à son cousin son appui financier, encore moins permanent. La tante paternelle de Winston, lady Cornelia, épouse d'un riche maître de forges gallois, Ivor Guest, devenu baron Winborne par la grâce de Disraeli en 1880, ne put guère aider son neveu, d'autant que le fils du couple, Ivor Guest junior, bénéficiait par priorité des appuis financiers de ses parents ; ce qui lui valut d'être également élu député conservateur en 1900.

La branche américaine de la famille fut loin de compenser ces carences. Jenny était en perpétuel manque d'argent, sa sœur aînée, Clare, avait épousé un squire du Sussex qui n'avait rien trouvé de mieux que de se ruiner dans les années 1890, et sa sœur cadette, Leonie, avait pris pour mari un obscur baronet irlandais. Quant à Jack, le frère de Winston, au lendemain de sa propre et brève expérience militaire en Afrique du Sud, il se tourna vers les affaires et fut loin d'y briller. D'où la conviction renforcée de Winston qu'il était bien le fils de ses œuvres.

De cette audace de jeune homme et de cet orgueil, on ne citera qu'un témoignage encore. Il se sentit, en 1900, assez important pour s'offrir le luxe d'exprimer ses consolations à l'ex-chef du parti libéral, lord Rosebery, ancien Premier ministre, resté fidèle à son parti, même si son indolence ne l'avait pas poussé à prendre une part très active à la campagne : « Je pense que ces élections, menées du côté libéral comme une bataille de soldats, sans plan, ni chefs, ni enthousiasme, a en fait démontré que le libéralisme était, dans notre pays, une force, et non pas un corps affaibli[7]. » La sympathie ainsi

7. Cité par Robert Rhodes James, *The British Revolution, British Politics 1880-1939*, Methuen, 1976, p. 202.

manifestée à un « perdant » n'était sans doute pas dénuée d'arrière-pensées politiciennes. Unioniste à cet instant, le nouveau député d'Oldham a déjà élaboré des principes et des règles de conduite qui n'excluent pas sa conversion ultérieure à un autre parti.

La maîtrise du verbe

Elle commande assurément bien des comportements et donne à Winston la conviction de pouvoir faire prévaloir ses choix et ses idées. Il est devenu, à vingt-six ans, un maître incontesté de l'écriture et, à un moindre degré, de l'éloquence. Étant entendu que l'une et l'autre ne sont désormais plus opposables, tant il devient pour lui de plus en plus évident qu'il a intérêt à « parler son texte » avant de le coucher sur le papier, et non pas l'inverse. Après les premières expériences déjà évoquées, il en viendra progressivement, dans la suite de sa carrière littéraire, à ne plus pouvoir composer une œuvre autrement qu'en la dictant à un ou une secrétaire.

Hésitant au temps de la rédaction de son compte rendu de l'expédition indienne, son style s'est affirmé, nourri de la rhétorique des classiques de l'Antiquité comme de prestigieux historiens et politiques de l'âge romantique, au premier rang desquels Thomas Babington Macaulay. Il possède le rare talent de pouvoir rendre compte avec exactitude de l'événement, tout en parsemant son récit de visions de la splendeur et du sang, de la souffrance et du courage. Dans une publicité jointe à la première édition de son *London to Ladysmith* de 1900, et qui consiste en la reproduction de critiques élogieuses publiées par la presse après la parution de son *Makaland Field Force*, est reproduit un extrait de l'*Athenaeum*, dont les critiques en la matière faisaient autorité :

> « Les œuvres de Disraeli reflétaient toutes l'influence de Bolingbroke et de Burke : M. Churchill n'est peut-être qu'un lecteur de Burke et de Disraeli, mais, en bien des passages, ces écrivains reprennent la parole, et, en appliquant le style de Burke particulièrement aux affaires de la guerre, [l'auteur] produit ici et là des paragraphes dignes de la grande histoire de Napier - ce modèle de la littérature militaire. »

Grand reporter avant l'heure, Winston appartient à une génération aussi avide d'information que sensible à la qualité de sa présentation ; le « cancre » Churchill a comblé les lacunes les plus criantes de son éducation ; il a su s'ouvrir à la grandeur des siècles passés, méditer sur bien des exemples, et il y a gagné le talent indispensable au véritable historien du présent comme du passé : « Connaître les religions des autres pour connaître la sienne[8]. » Encore que, dans le cas de ce sceptique de bonne compagnie, le mot « religion » ne soit pas à prendre dans son acception ordinaire.

Sa prose nourrit en retour son éloquence. Les multiples tournées de conférences, les discours politiques qu'il tient, fût-ce en dehors du contexte électoral, reposent moins sur la spontanéité de l'orateur que sur sa capacité à faire appel à des souvenirs et à des jugements déjà couchés sur le papier. L'improvisation fait certes partie des talents du conférencier,

8. Jean Delumeau citait, dans le *Monde des lettres*, semaine du 20 août 1997, cette formule de l'Indien Panikkar : « Qui ne connaît pas la religion des autres ne connaît pas la sienne. »

mais rien ne vaut à ses yeux une sage maturation de mots qu'il « découvrira » à un auditoire avide de leur faire bientôt écho. De son échec aux élections de juillet 1899, il aura tiré une consolation, si l'on en croit son récit de campagne à son amie Miss Plowden[9] :

> « Je fais des progrès tout le temps - je ne me suis presque jamais répété. J'ai, à chaque réunion, conscience d'une puissance et d'une facilité de parole croissantes, et c'est là-dedans que je puiserai ma consolation si le résultat se révèle, comme il est probable, malheureux. »

Winston Churchill a ici un modèle. Lisons l'éloge admiratif qu'il fait de son père, quand il le décrit tel qu'il était vers 1890 :

> « Le brio et la gaieté sans retenue de sa conversation fascinaient tous ceux qui venaient à le rencontrer. Il avait l'habitude de parler et de défendre ses arguments à tout propos, en toute liberté. Il adorait défendre des vues paradoxales audacieuses ; et s'il était acculé à présenter son point de vue, il usait d'arguments si originaux et si nouveaux que ses auditeurs en éprouvaient le plus grand plaisir, à défaut d'être pleinement convaincus. Il s'amusait parfois à dire des choses à dessein pour choquer les pondérés, et en se peignant lui-même de façon extravagante sous les traits les plus sombres, tant et si bien qu'ils partaient chagrinés de penser qu'il demeurait autant de méchanceté dans le monde. Il excellait à tous les échanges et à toutes les conversations acérées, allant de la sombre ironie à la plaisanterie d'écolier. Lorsqu'il voulait persuader des gens d'accomplir des choses particulières, il y prenait

9. Randolph S. Churchill, *op. cit.*, p. 418.

énormément de peine, paraissant remuer instinctivement tous les sentiments et toutes les raisons... D'un autre côté, il se moquait bien de la rudesse dont il faisait preuve à l'encontre de ceux qui le fatiguaient ou l'irritaient...[10] »

Et, revenant sur la dernière grande année parlementaire de lord Randolph, en 1891, il lui rend le plus bel hommage :

> « Presque seul et sans appui, par sa seule force personnelle et son discours persuasif, il avait commandé le respect et fait prendre d'importantes décisions. Avec sérieux et gaieté, dans l'attaque, la défense ou l'exposé, sur toutes sortes de sujets, et quelle que soit l'humeur du jour, les Communes avaient éprouvé un immense plaisir à l'écouter ; et ce qu'il disait au Parlement ou à l'extérieur, en matière politique ou autre, valait examen attentif dans tout le pays[11]. »

Du thème de l'homme seul, inégalé en intelligence des faits, à l'affirmation de l'importance du talent oratoire, tout y est. On peut raisonnablement penser que cet écrit, postérieur de cinq années seulement à l'avènement politique de Winston, exprime une conviction forgée et ancrée dans l'esprit de son auteur dès le début du siècle.

Bien évidemment, la parole, au risque d'être creuse et bien vite sans influence, doit venir à l'appui de théories et de principes. Nul n'en est plus convaincu que Churchill, que la lecture des historiens et des philosophes a précocement mené à évaluer la portée de l'événement et à replacer les problèmes dans un contexte plus vaste. Ses talents rhétoriques constituent

10. In *Lord Randolph Churchill*, *op. cit.*
11. *Ibid.*, p. 786.

l'instrument pour communiquer des idées mûries par son expérience. Dès 1897, c'est l'un des thèmes de son essai, qu'il ne publie pas, sur « L'échafaudage de la rhétorique[12] ». Surtout, il entend ne faire preuve d'aucune timidité de jeune homme dans l'exposé de ses conceptions.

Robert Rhodes James l'a fort bien noté, en soulignant combien sa franchise avait pu lui porter tort :

> « Il existe une erreur commune quant à l'effet positif qu'auraient sur des Anglais la jeunesse et l'ambition. En réalité, la jeunesse est considérée comme un regrettable interlude à supporter avec patience et modestie ; l'ambition n'est tolérable qu'à la condition d'être décemment dissimulée. Churchill était impétueux, assuré, égocentrique, totalement absorbé par lui-même et sa propre carrière, sans en ressentir la moindre honte. » [Selon un de ses collègues au Parlement de 1901-1905], « il ne fit aucun effort pour dissiper la suspicion et le rejet dont sa personne faisait l'objet aux yeux d'une majorité des Communes[13] ».

La vision du monde

Churchill, sans avoir une connaissance personnelle détaillée des principales nations du monde, n'a rien de l'insulaire ignorant des réalités extérieures. Il a, dès l'adolescence, commencé à beaucoup voyager. La France, l'Italie, la Grèce constituaient après tout, depuis le XVIIe siècle, des étapes du Grand Tour par

12. *The Scaffolding of Rhetoric*, cité par R.R. James, « The Parliamentarian, Orator, Statesman », in Blake and Roger Louis, *op. cit.*, p. 507.

13. In *Churchill, A Study in Failure*, *op. cit.*, p. 18-19.

lequel les fils de grandes familles complétaient leur éducation. Lui-même a visité la France avec ses parents, puis comme adolescent, et il y est retourné ou repassé ; il s'est rendu dans le Nouveau Monde, au Canada, aux États-Unis, à Cuba, il a vécu de près les problèmes de l'Asie centrale en Inde, il s'est instruit des réalités africaines en Égypte et lors de la guerre des Boers ; il a beaucoup navigué, de la Manche et de la mer du Nord à l'Atlantique, à l'océan Indien, à la Méditerranée ; et il a aussi la chance de vivre le premier âge d'or de la communication, avec les journaux alimentés en informations par leurs correspondants et grâce au câble télégraphique, les articles et éditoriaux de quotidiens anglais de qualité, le *Daily Telegraph*, l'inévitable *Times*, mais aussi « son » *Morning Post*, les uns et les autres inspirant les réactions du simple lecteur comme de l'homme de pouvoir. Il s'est entretenu des questions du monde avec les personnages les plus influents de son pays ou d'Amérique du Nord, il a entendu « en direct » les réflexions des plus brillants serviteurs de la Couronne dans l'Empire, un Milner, un Cromer, un Curzon. Les plus grands, à l'instar de Joseph Chamberlain, lui ont confié leur pensée et leurs espérances.

L'âge auquel il arrive sur la scène politique coïncide avec une époque où les relations internationales sont souvent et de plus en plus fortement tendues. C'est le temps des rivalités coloniales. C'est aussi celui de la présence, en Europe continentale, de deux puissances mortellement ennemies, la France qui, depuis plus de dix ans, s'est rapprochée de la Russie, et l'Allemagne qui domine la Triplice austro-germano-italienne. La Grande-Bretagne serait bien en peine de faire seule respecter cet équilibre européen qui fut son principe peut-être depuis la fin du XVIIe siècle, à coup sûr au siècle suivant et plus encore après la chute de Napoléon Ier. Ses dirigeants n'en sont pas à croire non plus à la possibilité d'un « splendide isolement », expression que Salisbury a jugée absurde lorsqu'un Premier ministre canadien l'employa en 1896. Les dirigeants britanniques rêvent à présent, à défaut d'alliances, à tout le moins d'une entente forte avec un grand État continental ; tout semble les séparer de la France, à laquelle ils ont failli faire la guerre pour Fachoda en 1898, et l'Allemagne, dont certains Anglais se sentent proches par la « race », est en voie de se forger une dangereuse flotte de guerre, et, en Afrique, elle s'est posée en adversaire. Les choix sont bien difficiles.

Sur l'échiquier du monde, il faut compter avec de difficiles relations anglo-américaines : les États-Unis n'apprécient pas l'impérialisme des autres ; ils veulent la « porte ouverte » à tous en Chine, ils sont heurtés par l'influence britannique au Japon, lequel deviendra le premier allié en temps de paix du Royaume-Uni dès 1902, et ils se méfient de la présence anglaise dans les Caraïbes et en Amérique latine. En 1895, on a été à deux doigts d'un conflit grave sur l'affaire du Venezuela, qui, au nom de la doctrine de Monroe, avait sollicité l'arbitrage américain contre de prétendus empiètements britanniques dans le bassin de l'Orénoque. Londres, de son côté, regarde d'un œil inquiet et vigilant la zone où pourrait enfin être construit un canal entre Atlantique et Pacifique.

En Asie, une impitoyable lutte d'intérêts oppose toutes les puissances développées, quand elles ne se mettent pas d'accord pour une expédition commune contre l'imprudent ennemi de toute présence occidentale, ainsi dans le cas de la Chine des Boxeurs en 1900 ; les Russes et les Anglais sont des rivaux dans l'Himalaya et en Perse ; Londres, Berlin, Vienne et

Saint-Pétersbourg guettent un éventuel effondrement de l'Empire ottoman, dont le sultan, calife des croyants, assure une précaire autorité sur le monde islamo-arabe. Et pendant ce temps, d'« incorrigibles » optimistes veulent croire que le bon sens, la raison, en cet âge des triomphes de la science et de la technique, feront reculer la guerre et permettront au concert des nations de parvenir à l'harmonie.

Il aurait été miraculeux qu'un jeune homme de vingt-six ans eût sur tous ces problèmes des connaissances globales et des vues originales. Et qu'il ne fût pas prisonnier de solides traditions autant que d'insurmontables préjugés. Churchill en est au temps de la découverte. À dix-sept ans, envoyé en France perfectionner sa connaissance de la langue, il était parti de mauvais gré séjourner dans une famille qu'il supposait, sans la connaître, « vulgaire, méchante, inéduquée »... pour ensuite goûter pleinement ce séjour tant redouté à Versailles[14]. Quelques années plus tard, le télégramme de Guillaume II à Kruger lui semble aussi inacceptable qu'à tous ses compatriotes. Ses périples coloniaux ne peuvent que provoquer en lui des réactions inamicales successivement contre les Français, les Allemands, les Russes. Ce qui ne veut pas dire qu'il n'en retire pas des enseignements majeurs. Il a trop frôlé les hasards de la guerre pour ne pas être inquiet de l'avenir de son pays ; avant même que ses doutes coïncident avec le temps de sa captivité à Pretoria, il l'a exprimé clairement dans sa *River War* :

> « Chaque événement se situe au milieu d'une foule de possibilités, et si l'une quelconque des ces possibilités était devenue réalité,

14. Douglas Johnson, in Blake and Roger Louis, *op. cit.*, p. 45.

c'est tout le cours des choses qui aurait été modifié. La Fortune exerce continuellement son pouvoir et son influence... Nous vivons dans un monde des "si". Ce qui est survenu est du domaine du singulier ; ce qui aurait pu arriver est partie d'une légion[15]. »

Si puissant soit-il, un pays ne peut pas toujours compter sur la chance et encourt de réels dangers.

S'il est pourtant un ennemi que l'on doive s'épargner, c'est bien les États-Unis. Churchill ne doit pas cette conviction à sa seule parentèle américaine, non plus qu'aux observations faites dans ses périples nord-américains. Il partage en fait une opinion très générale, qui a convaincu le cabinet Salisbury d'accepter l'arbitrage américain dans l'affaire vénézuélienne, et de s'en réjouir quand, trois ans plus tard, son verdict s'est révélé favorable au Royaume-Uni. C'est l'opinion de bien des impérialistes, à commencer par Joseph Chamberlain : dans son discours de Toronto du 1er décembre 1887, celui qui n'était encore qu'en rupture affirmée avec son ancien parti libéral - et pas encore le mentor du jeune Winston - disait, aux applaudissements de ses auditeurs canadiens, son « refus de penser ou de parler des États-Unis d'Amérique comme d'une nation étrangère. Nous sommes tous de la même race, du même sang. Je refuse de faire une distinction entre les intérêts des Anglais au Canada et ce qu'ils sont aux États-Unis. Nous pouvons dire à propos de tous ces peuples, des nations anciennes comme des plus jeunes : notre passé est le leur, leur avenir est nôtre ».

Rudyard Kipling a composé à l'intention des Américains son poème fameux :

---

15. Cité par Kenneth W. Thompson, *Winston Churchill's World View, Statemanship and Power*, Louisiana UP, 1983, p. 77.

« Assumez le fardeau de l'homme blanc », quand les vainqueurs de la guerre de Cuba hésitent à devenir, aux Philippines, une puissance coloniale ; selon le poète, les deux nations britannique et américaine doivent guider le monde vers la civilisation. Churchill, en 1896, voyait déjà les États-Unis se substituer à l'Espagne dans une tutelle de Cuba, mais, surtout, disait-il dans une lettre à son ami Cockran, Royaume-Uni et États-Unis doivent à tout prix éviter une discorde : « Soyez épris de paix et ne faites pas en sorte que le 4e hussards soit envoyé au Canada pour prendre part à un conflit qui serait aussi absurde que criminel[16]. »

Et, en 1898, dans une lettre à lady Randolph[17], il se prononçait sans ambiguïté sur la guerre hispano-américaine :

« Je regrette pour l'Espagne. L'Amérique présente à coup sûr au monde son côté négatif. Mais les Américains ont raison, et, enfoui profondément au cœur d'une grande démocratie, on découvre un très noble esprit... L'un de mes principes politiques sera toujours de promouvoir la bonne entente entre les communautés de langue anglaise... [L'action américaine à Cuba est digne d'admiration] bien qu'en tant que nation leur manière de faire, du point de vue diplomatique, soit révoltante. Ils arrivent toujours à inspirer le dégoût à des gens polis. Pourtant, leur cœur est honnête. »

Tout l'avenir tenait dans ces propos : le sentiment de l'existence d'une communauté reliée par l'Atlantique, le refus de tout affrontement, la foi dans la démocratie américaine... et une attitude quelque peu paternaliste à l'égard de pionniers mal dégrossis !

---

16. In Martin Gilbert, *Churchill, A Life*, éd. Minerva, 1992, p. 61.
17. *Ibid.*, p. 88-99.

Ne demandons pas davantage à ce bilan en forme d'inventaire. Lorsque Churchill évoque le monde, son intérêt essentiel va en fait à l'Empire.

La foi impériale

Il a connu le gouvernement anglais en Inde et apprécié, au sein de l'armée des Indes, le patriotisme de ses compatriotes, mais aussi le loyalisme des indigènes enrôlés sous le même drapeau. Il a connu en Afrique la grande ambition de créer un continent sous contrôle de Londres du nord au sud. Il s'est enthousiasmé de la participation de contingents venus des colonies, dont les australiennes, à la guerre des Boers. Il a prêché la réconciliation des blancs d'Afrique du Sud autour d'un grand projet civilisateur.

Ses expériences sont venues compléter l'héritage que lui a légué, sur ce point aussi, son père lord Randolph, fondateur de la Ligue de la Primevère. Dans sa lettre à lady Randolph du 6 avril 1897, il confie qu'« il faut fédérer les colonies et organiser un système de défense impériale[18] ». Il n'est pas surprenant que son premier grand hymne à l'Empire ait été entonné à l'occasion de son adresse, au cours de l'été 1897, à la section de Bath de cette ligue ; sa rhétorique était déjà bien affûtée :

> « Ils ne manquent pas, ceux qui disent que, en cette année de jubilé, notre Empire a atteint l'apogée de sa gloire et de sa puissance, et que nous allons à présent connaître la décadence, comme

18. In Randolph S. Churchill, *op. cit.*, p. 303.

l'ont connue Babylone, Carthage et Rome. Ne croyez pas ces oiseaux de mauvais augure, opposez un démenti à leurs croassements sinistres en montrant par vos actions que la vigueur et la vitalité de notre race sont intactes, que nous sommes déterminés à préserver l'Empire... et nous remplirons notre mission en apportant la paix, la civilisation et un bon gouvernement jusqu'aux confins de la terre[19]. »

Le fait colonial ne paraît lui poser aucun problème. On ne résistera pas ici à citer un peu longuement le passage de son *London to Ladysmith*[20] où il décrit, le 6 novembre 1899, sa traversée du Natal en chemin de fer :

« [Son] délicieux climat est un stimulant pour la vigueur de l'Européen. La grande route maritime est dans l'attente du produit de son labeur. La nature tout entière y est en fête, et enfin, en ce lieu, est une terre que les hommes blancs peuvent gouverner en y prospérant. Seul le kaffir indolent se contente de subir le joug, et, selon la philosophie obsolète du libéralisme, c'est pourtant à ceux de son espèce que le territoire devrait à jamais appartenir. Mais lorsque des Anglais suffoquent au point d'y périr dans les villes surpeuplées, que des milliers de bébés naissent chaque mois qui ne bénéficieront jamais dans leur vie d'une chance réellement offerte, il y aura ceux qui nourriront un autre rêve, celui d'un efficace système étatique d'assistance à l'émigration - presque obligatoire -, un système qui, au lieu de s'attacher à des pensions de vieillesse, permettra d'anticiper le vieil âge, et, en prévenant les risques d'indigence, d'y mettre fin ; un système

19. Extrait de la traduction fr., William Manchester, *Winston Churchill*, t. I, Laffont 1983, p. 220.

20. *Op. cit.*, p. 40-41, traduction de l'auteur.

qui absorbera les excédents de la vieille patrie et comblera les déficiences de la terre nouvelle, qui offrira au citoyen le plus malheureux de l'Empire la perspective de l'air pur et d'une occasion d'épanouissement. »

Winston n'est certes pas le premier à proposer l'émigration vers des colonies comme remède au paupérisme, et, avant lui, au début des années 1890, le général salutiste William Booth en avait fait son cheval de bataille. Il n'est pas sans intérêt que le jeune « tory démocratique », soucieux du bien-être des masses, manifeste ainsi le lien très fort qu'il établit entre son dessein social et sa foi impérialiste.

Cette foi, dès la fin du XIXe siècle, est si ancrée en Churchill qu'il ne cherchera pas pendant longtemps à la soumettre à l'épreuve de nouvelles réalités. Si l'on suit Ronald Hyam[21], il y aurait même fort peu à dire de ce qu'il pensa de nouveau sur l'Empire entre 1901 et les lendemains de la Grande Guerre ; encore moins des nouvelles observations que des voyages dans les colonies lui auraient permis de faire : il négligea complètement cette information sur le terrain même en tant que sous-secrétaire d'État aux Colonies en 1905-1908. Tout lui paraît avoir été dit, et son seul principe est de préserver l'Empire en justifiant l'effort par les mérites du civilisateur britannique. C'est bien sa formation de jeune homme qui, dans ce domaine, a constitué son bagage d'homme d'État.

21. « Churchill and the British Empire », in Blake and Roger Louis, *op. cit.*, p. 167-187.

La révérence envers les institutions

Son respect pour la fonction monarchique est demeuré sans réserves jusqu'à sa mort. Nous savons qu'il n'étend pas nécessairement cette déférence à la personne du souverain. Mais aucun titre ne lui semble assez glorieux pour rehausser encore la dignité et le rayonnement de la Couronne, et celui d'impératrice (empereur) des Indes lui paraîtra toujours un élément essentiel et glorieux de la titulature royale.

À un moment où tous les partis de gouvernement sont ralliés à la fonction représentative du Parlement et à la responsabilité du gouvernement devant les Communes, il ne fait pas exception, pas davantage qu'il ne remet en cause l'évolution démocratique du droit de vote ; ce dernier est limité en 1901 à quelque quatre cinquièmes des hommes majeurs, à l'exclusion des femmes hors le cas de fonctions locales. Dans la veine disraélienne de torysme démocratique, il ne professe aucune réserve à l'encontre d'extensions ultérieures des droits politiques aux citoyens mâles ; du même coup, bien qu'élu sous les couleurs unionistes, il est aussi en symbiose avec les libéraux. En revanche, dès 1897, il affirme son opposition totale au mouvement suffragiste : accorder le droit de vote aux femmes signifierait à terme les autoriser à siéger à Westminster et, puisqu'elles constituent la majorité de la nation, « tous les pouvoirs passeraient entre leurs mains[22] » !

Il semble par ailleurs avoir subi sans rechigner l'exigence de fait que le candidat à une élection bénéficie de revenus ou de fonds suffisants pour lui garantir la possibilité d'exercer ses

22. Keith Robbins, *Churchill*, Londres, Longman, 1992, p. 29.

fonctions parlementaires : c'est la justification qu'il a donnée à son intarissable besoin d'argent et à l'énorme effort d'épargne que nous avons noté sur ses droits d'auteur ou de conférencier et sur ses piges de journaliste. La création d'une indemnité parlementaire, vieille revendication chartiste, puis radicale, se heurtait à des réticences « morales » de certains hommes politiques, férus d'une indépendance matérielle de l'élu ; le nouveau mouvement travailliste né en 1899-1900 le soulignera pourtant assez, ils diminuaient par là même la capacité politique des plus humbles. Mais Churchill n'en est pas encore à s'en prendre à la Chambre des lords, et il faudra attendre 1909 pour le voir participer aux attaques de ses collègues du cabinet Asquith contre les pairs, qu'il traite alors, oublieux de ses origines, de « misérable minorité de personnes titrées ». Il n'a en revanche jamais été très féru des privilèges de l'Église établie et l'est d'autant moins que ses électeurs d'Oldham appartiennent pour partie au non-conformisme religieux.

Évoquer la position institutionnelle du jeune Churchill, c'est souligner son irréductible opposition à toute remise en question des actes d'Union avec l'Écosse et, plus encore, avec l'Irlande. Nous avons vu naître, dès son enfance, le sentiment que les Irlandais étaient dans l'erreur en revendiquant l'abrogation de leurs liens avec le Royaume-Uni. L'exemple de lord Randolph[23], qu'il n'a cessé de méditer, est fait, selon lui, d'un refus sans nuances de tout divorce sous la forme d'un *Home Rule*, ou de souveraineté interne, mais de beaucoup de sympathie aussi pour « une politique généreuse, sympathique, libérale envers le peuple irlandais en ce qui regarde la religion,

23. In *Lord Randolph Churchill*, *op. cit.*, p. 703-704.

l'autonomie locale et la terre ». Il prête à son père le rejet de tous les sentiments de supériorité raciale et sociale si courants dans la haute société protestante en Irlande et dans les rangs du parti conservateur. En 1896, à Bourke Cockran qui venait de critiquer sévèrement, dans un discours, la domination anglaise en Irlande, il avait écrit pour dénoncer la solution d'un *Home Rule*, rejeté trois ans plus tôt par la Chambre des lords - et son père n'aurait pas désavoué sa lettre :

> « Six ans de gouvernement ferme et généreux en Irlande créeront une prospérité matérielle qui neutralisera les efforts que des hommes capables et brillants - comme vous-même - font pour maintenir le pays au niveau voulu d'indignation. Une loi de *Home Rule* ne sera pas acceptée avant vingt ans par le peuple anglais - tout las qu'il soit de ce sujet - et à ce moment la nécessité en sera passée... Le *Home Rule* pour l'Irlande se fondra très probablement dans un plus vaste ensemble de fédération impériale[24]. »

On remarquera la foi dans une politique de générosité et, aussi, l'idée chère à certains impérialistes, dont Cecil Rhodes, et qu'il aborde dans sa lettre du 6 avril 1897 à lady Randolph, que le problème de l'Irlande sera résolu lorsque l'Empire de souche européenne se sera uni dans une fédération avec la mère patrie. Dans cette lettre, il précise encore : « N'était le *Home Rule* - auquel je ne consentirai jamais -, j'entrerais au Parlement comme libéral. » L'amitié que lui témoignait Joseph Chamberlain n'est ainsi que l'une des raisons pour lesquelles, en 1900, il choisit de se présenter aux élections sous les couleurs du parti

24. Lettre à Cockran, citée par Randolph S. Churchill, *op. cit.*, p. 272.

unioniste, fondé par le député de Birmingham et, d'ailleurs, étroitement associé au parti tory.

La nécessité de la réforme sociale

Depuis Disraeli, le parti conservateur avait pour doctrine que l'âge de la démocratisation condamnerait les élites à la mort politique si celles-ci ne savaient pas faire au peuple le minimum de concessions qui garantiraient son respect des hiérarchies « naturelles ». Les radicaux que Chamberlain avait entraînés dans son sillage lors de sa rupture avec le parti libéral tenaient de leur mentor la conviction que le système de la libre entreprise devait également garantir aux moins favorisés un progrès significatif de leur niveau de vie et de leur éducation. Mais, ici encore, Winston s'est voulu surtout le disciple de lord Randolph. Il cite, en annexe à la biographie de son père, la dernière adresse de lord Randolph aux électeurs de Paddington-Sud dont il sollicitait les suffrages en 1892[25] :

> « Vous connaissez bien mes vues sur les réformes à apporter au service public, elles sont urgentes tant du point de vue de la sécurité publique que de l'économie... Vous êtes aussi, je l'imagine, conscients de mon désir de répondre, avec toute la sympathie et la bonne volonté légitimes, aux exigences récentes, mais très cohérentes et bien définies, des classes laborieuses. »

Le chapitre VII de la biographie est consacré au torysme démocratique tel que Randolph, alors à l'apogée de ses

25. *Lord Randolph Churchill*, *op. cit.*, p. 862-864.

capacités et de son influence, avait contribué à le définir dans les années 1880. Winston s'enorgueillit du ralliement déterminé de son père à la réforme démocratique qui triomphe en 1884-1885, après s'être heurtée longtemps à la vieille garde conservatrice. Il cite les discours qu'en 1884, candidat à Birmingham, il tenait à ses électeurs, mais aussi aux masses, pour promettre une harmonie sociale dans le Royaume-Uni grâce à la prise en considération des problèmes des infortunés, à des progrès de la législation du travail, à l'espoir rendu à la jeunesse.

Il met en exergue la grande formule de 1888 « rallier le peuple autour du trône, unir le trône au peuple, un trône loyal et un peuple patriote - voilà notre politique, voilà notre foi », et attribue à son père le mérite d'avoir sauvé les tories d'un élitisme destructeur et d'avoir permis « une fois encore que les anciennes institutions du royaume britannique bénéficient de l'estime du peuple de Grande-Bretagne ». L'hymne à la clairvoyance paternelle paraît d'autant plus sincère que, rappelons-le, Winston avait fondé, dès son séjour en Inde, son instruction politique sur l'étude systématique de tous les débats parlementaires depuis 1874.

Le discours qu'il tient à la section de Bath de la Ligue de la Primevère, en 1897, est entièrement inspiré, pour les considérations sociales, du message dont il a hérité :

> « La politique conservatrice est prudente, elle regarde devant elle avant de sauter et, s'il existe un pont, elle ne saute pas du tout... Les ouvriers britanniques ont plus à espérer de la marée montante de la démocratie tory que du tuyau à sec du radicalisme... Une des questions que les politiciens doivent affronter est de savoir comment éviter les conflits entre le capital et le travail. J'espère

que le travailleur finira par participer aux bénéfices de l'entreprise et qu'il ne refusera pas de partager les pertes d'une mauvaise année après avoir partagé les profits d'une bonne[26]. »

La conclusion de son discours était un rappel de l'œuvre accomplie par son père et ses amis pour rendre au torysme la flamme éteinte après la mort de Disraeli. Quelques mois plus tôt, écrivant à sa mère[27], il incluait dans son futur programme politique la « réforme intérieure » :

« Extension du droit de vote à tout citoyen mâle. Instruction universelle. Établissement de toutes les religions sur un pied d'égalité. Large mesure d'autonomie municipale. Huit heures. Paiement des députés (sur demande). Impôt progressif sur le revenu. »

À vingt-deux ans, il allait bien plus loin que nombre de radicaux en évoquant la journée de huit heures, revendication du Mouvement ouvrier international depuis 1889, et préconisait une mesure fiscale qu'il faudrait attendre encore une douzaine d'années. Deux ans plus tard, lors de sa première et malheureuse tentative électorale à Oldham, il informe ses auditoires que « l'amélioration des conditions de vie du peuple britannique [doit être considérée] comme le principal but d'un gouvernement moderne[28] ».

Une fois élu, en 1901, il approfondit ses connaissances en matière sociale en lisant l'ouvrage de Seebohm Rowntree, *Poverty : A Study of Town Life*, étude de l'indigence à York, prise comme archétype de la ville à la fin de l'époque

---

26. Randolph S. Churchill, *op. cit.*, p. 325-326.
27. Lettre de Bangalore du 6 avril 1897, *ibid.*, p. 303.
28. *Ibid.*, p. 415.

victorienne. L'auteur est, avec Charles Booth, son prédécesseur à Londres entre 1889 et 1897, l'inventeur de la recherche contemporaine en sociologie urbaine. L'un et l'autre, qui se sont passionnés pour l'analyse scientifique de la misère en milieu citadin, ont défini des méthodes d'enquête sur le terrain, Rowntree élaborant de surcroît le budget familial minimal qui, si les ressources d'une famille ne sont pas suffisantes, condamne celle-ci à passer au-dessous de la « ligne d'indigence » ; le même Rowntree a mis au point à York sa célèbre théorie des cycles de la vie familiale ouvrière, affirmant que chaque travailleur passe, dans sa vie, par des phases successives de relative prospérité, puis de replongée dans le malheur. Booth comme Rowntree ont fait prendre conscience à leurs contemporains d'une réalité bouleversante : un tiers des citadins vivent au-dessous du seuil à partir duquel on peut parler d'indigence.

Sur le point de vue de Churchill, on dispose d'un compte rendu qu'il fit de l'ouvrage sur York, et qu'il ne publia pas[29]. Il reprend un lieu commun de l'époque : la pauvreté constitue un danger pour la santé et la capacité de recrutement de l'armée : « Si étrange que cela paraisse, si incroyable que cela soit à écrire, le destin de notre empire est réellement lié à la condition [des humbles]. » Mais quand lord Rosebery lance l'évangile de l'« efficacité nationale », le jeune Winston demeure prudent et s'alarme des dépenses à engager. On trouve déjà, au seuil de sa carrière parlementaire, le mélange de compassion pour les pauvres et de crainte pour les finances publiques qui caractérisera les discours du Premier ministre en

29. Cité par Paul Addison, « Churchill and Social Reform », in Blake and Roger Louis, *op. cit.*, p. 58-59.

1945, produira alors les effets les plus désastreux dans l'opinion publique et lui vaudra sa défaite lors des élections générales de juillet. À l'aube du siècle, on n'en est pas là : les points de vue « progressistes » du jeune député peuvent au contraire laisser augurer de son rapprochement imminent avec le parti libéral.

La naissance d'une étoile parlementaire

Nous avons souvent évoqué son admiration et ses frustrations chaque fois que Winston parlait de lord Randolph. Parmi les observateurs de la période, nombreux sont ceux qui « découvrirent », dans les comportements du fils comme dans ses professions de foi politiques, une volonté presque désespérée de ressembler au père. Sans doute convient-il de ne pas exagérer : tout emportement de Winston rappelait à ses contemporains la brouille décisive de Randolph avec lord Salisbury, toute manifestation d'éloquence parlementaire poussait à des comparaisons, flatteuses ou venimeuses, avec celui qui, jusqu'à l'évolution fatale de sa maladie, avait dominé l'arène des Communes, toute versatilité dans les choix partisans faisait resurgir dans les mémoires les « rébellions » du père, toute défaillance d'un instant semblait le signe que le fils était porteur des mêmes affections physiques et mentales que son géniteur. Winston appartenait à un milieu impitoyable, sans doute capable de lui manifester affection et attachement, mais souvent aussi prêt à le dévorer à belles dents. Il ne fit en tout cas jamais rien pour démentir une filiation qui était sa fierté : sa biographie de lord Randolph, publiée en 1906, en témoigne éloquemment.

Fidèle à ses sources, prodigue aussi de ses propres impressions, Élie Halévy, dans sa brillante *Histoire du peuple anglais au XIXe siècle*, ne s'y trompait pas en évoquant le Churchill de 1902[30] :

> « C'était le fils de ce lord Randolph Churchill, dont le torysme excentrique avait un moment fait tant de bruit, une vingtaine d'années plus tôt. Il venait d'attirer l'attention publique, tout jeune encore... par ses aventures guerrières au Soudan et dans l'Afrique australe. Puis il s'était fait élire à la Chambre des communes en 1900, impatient de jouer son rôle dans la bataille des partis et de réussir là où son père avait finalement échoué. Ne craignant pas - bien au contraire - de s'isoler... »

Ce dernier trait caractérise déjà celui qui, en d'autres temps, encore lointains, sera persuadé, contre tant d'autres, de détenir *la* vérité. À l'époque, il signifiait clairement le refus de s'assimiler pleinement à une génération, ou d'épouser aveuglément les préjugés et les points de vue de ses amis politiques du moment. C'est que, mûri par l'expérience, le tout nouveau député d'Oldham se veut porteur d'idées et de propositions originales.

Winston prend possession de son siège de député le 17 février 1901, au retour de sa tournée américaine, après l'ouverture, le 14, de la session du Parlement par le premier discours du trône du successeur de Victoria, le roi Édouard VII. Ses premiers mois de député sont pour lui l'occasion de se mettre en valeur par le poids des idées et le choix des mots. À vingt-six ans, il s'impose presque immédiatement comme un

30. *Épilogue*, I, Paris, Hachette, 1926, p. 312.

homme politique promis à un brillant avenir. Puisque c'est à ce moment que s'arrêtera notre étude de la jeunesse d'un homme d'État, analyser deux de ses interventions mémorables permet de faire le lien entre toutes les idées qu'il a forgées avant son entrée aux Communes, et aussi celles qu'il a empruntées avec fierté à son père, et les orientations qu'il entend donner à son action.

La première occasion correspond à ce qu'on appelle le *maiden speech*, le discours par lequel un député fraîchement élu manifeste à ses honorables collègues sa capacité à s'exprimer avec intelligence. Winston n'a pas entendu retarder ce moment : il prend la parole en public dès le 18 février. La seconde est constituée par sa participation, le 13 mai, au grand débat sur un projet gouvernemental de complète réorganisation de l'armée de terre, de son substantiel accroissement et d'augmentation corrélative du budget militaire. L'une et l'autre de ces interventions se situent à une époque de gouvernement conservateur et unioniste : lord Salisbury demeurera Premier ministre jusqu'au 11 juillet 1902, et la majorité au pouvoir autorisera une succession sans problème à l'intérieur de son parti. Winston doit marquer sa place en dépit de la relative discipline alors attendue des élus de la même mouvance, il doit le faire en n'hésitant pas à rompre certains des principes de cette discipline. Il se trouve ainsi d'emblée dans la situation de solitude relative que lord Randolph avait connue après 1886 sans bénéficier, pour sa part, de l'aura d'un ancien chancelier de l'Échiquier.

Son intervention du 18 février ne pouvait que mettre en relief ses capacités de jugement et son expérience. Il prit la parole après un ténor gallois déjà connu, David Lloyd George, député radical ; ce dernier venait de se livrer à une vibrante dénonciation des agissements de l'armée britannique en Afrique du Sud, au temps de la guérilla et des contre-stratégies les plus cruelles. L'impeccable rhétorique du nouveau député allait devoir faire oublier, l'audace extrême du propos aidant, toutes les qualités oratoires de son adversaire. Le discours allait être prononcé devant le plus brillant des aréopages et sous le regard des plus influents journalistes comme des maîtres du jeu mondain. Les dames étaient là, dans la galerie qui leur était réservée : Jenny, bien entendu, mais aussi les quatre tantes paternelles de Winston, l'épouse du speaker, celle de Joseph Chamberlain.

Le secrétaire d'État aux Colonies, mais aussi lord Balfour occupaient le banc des membres du cabinet, le *front bench*, et trois des plus brillants leaders libéraux, Campbell-Bannerman, chef du parti, Harcourt et Asquith, leur faisaient face. Rarement les bancs de la majorité et de l'opposition avaient été aussi remplis, le succès de curiosité avait précédé le jugement qu'on s'apprêtait, avec plus ou moins de bienveillance de part et d'autre, à porter sur le fils de lord Randolph. Il s'agissait d'un véritable examen de passage, d'une épreuve peut-être majeure pour la suite, et Winston s'y était préparé, comme à l'accoutumée. Du moins, s'exprimer sans notes ne constituait pas pour lui un handicap supplémentaire[31].

Bien conseillé par Thomas Gibson Bowles, son voisin immédiat, à qui il sut rendre hommage, Churchill trouva immédiatement les mots qu'il fallait pour s'imposer face à Lloyd

31. Le débat a été rapporté dans tous ses détails dans la biographie de Randolph S. Churchill, *op. cit.*, t. II, *1901-1914*.

George. Ce dernier, en réponse au discours du trône, avait choisi l'incantation déclamatoire de préférence à la défense d'un amendement à l'Adresse. Winston s'attira le plus vif succès en dénonçant ce comportement démagogique :

« Lorsque nous comparons la modération de l'amendement au discours si rempli d'amertume que l'honorable membre vient tout juste de prononcer, on évite difficilement la conclusion que la modération de l'amendement correspondait à celle des amis politiques et des chefs de file de l'honorable député, et que l'âpreté du discours doit tout à lui seul. »

L'audace est, après avoir quelque peu ridiculisé l'appui verbal de Lloyd George aux Boers en soulignant combien ceux-ci y porteraient peu attention, d'ajouter avec défi un propos quasi scandaleux, et qui est pourtant sincère tant il correspond aux écrits du correspondant de guerre sur la nécessité d'une paix des braves :

« Si j'étais un Boer en train de me battre sur le terrain - et si j'étais un Boer je combattrais sur le terrain -, je ne me permettrais jamais d'être sensible à un message de sympathie, fût-il signé par une centaine d'honorables membres de cette chambre. »

Après quoi il est loisible à l'orateur de passer à son analyse du drame sud-africain et, surtout, de prêcher pour des lendemains de réconciliation, laquelle serait possible si les Boers ne demeuraient pas fidèles à leur vieux mot d'ordre « l'indépendance ou la mort ». Ce mot d'ordre paraissant des plus exaltants aux députés irlandais nationalistes, lesquels avaient déjà applaudi à la formule par laquelle Churchill paraissait approuver la résistance aux Anglais, c'est l'occasion pour lui d'un habile retournement, de nature à lui rallier les suffrages de ses amis conservateurs et unionistes :

> « Je ne vois rien de réjouissant à une telle perspective : s'il en allait ainsi, la guerre entrerait dans une phase à la fois très triste et lugubre. Si les Boers demeurent sourds à la voix de la raison et aveugles en ne saisissant pas la main de l'amitié, s'ils repoussent toutes nos ouvertures et dédaignent toutes nos conditions, alors, tout en ne pouvant qu'admirer leur détermination farouche, nous ne pourrons que nous remettre à l'espoir que notre propre race, dans la défense de ce que nous considérons une cause juste, fera preuve d'une détermination aussi forte et d'une volonté tout aussi farouche. » [Et, appelant les Irlandais à appuyer les efforts du gouvernement, il va jusqu'à dire] « Ils doivent savoir qu'aucune exigence ni agitation irlandaises n'auront une chance quelconque de s'imposer à l'imagination des citoyens de la Grande-Bretagne tant que nos pensées iront aux soldats au combat en Afrique du Sud. »

Apportant sa pleine approbation à l'envoi de renforts, rendant hommage à certains chefs militaires, il dénonce ceux qui font du conflit une guerre capitaliste et le définit comme « une guerre imposée par le devoir ». Reprenant un vieux thème cher aux impérialistes, et faisant allusion à la présence de Canadiens et d'Australiens sur le champ de bataille, il s'autorise un hymne à l'Empire.

L'éloquence, la fermeté du propos comme de la réflexion valent un triomphe au jeune député. Joseph Chamberlain parlera d'« un discours admirable », les leaders libéraux lui en faisant avec fair-play compliment. La presse du lendemain fut souvent dithyrambique, même si le *Daily News*, radical, tout en rendant hommage à son jugement et à son sens critique, estime que la rhétorique du fils ne vaut pas celle du père. Son confrère radical, le *Daily Chronicle*, est moins enthousiaste, cependant que, toujours du même bord, le *Manchester Guardian* est carrément élogieux.

Démontrant que son propos était bien réfléchi et volontairement provocant, Churchill reviendra, le 18 mars, dans une lettre au rédacteur en chef de la *Westminster Gazette* qui avait critiqué sa formule, sur ce que signifiait sa phrase « Si j'étais un Boer... [32] » :

> « Chaque homme se doit à sa patrie et a la forte obligation morale de prendre sa part de son destin en la soutenant. Faut-il redire que, dans toutes les grandes controverses, le nombre des arguments justes et sincères de part et d'autre est suffisant pour autoriser la plupart des honnêtes gens à se forger une pleine conviction ? Aucune partie n'a le monopole du droit et de la raison... Je prétends donc que, si la cause des Boers est à coup sûr mauvaise, le Boer qui combat avec bravoure pour la faire triompher est assurément dans le vrai.
>
> Votre correspondant, qui juge qu'un tel argument pourrait également jouer pour justifier le comportement de certains Chinois qui massacrent, trahissent et torturent, démontre son ignorance stupéfiante autant de l'Afrique du Sud que de la Chine et, permettez-moi de l'ajouter, son incapacité à raisonner, car il est bien évident qu'aucune obligation patriotique ne pourrait justifier de tels actes. »

Son argumentation, malgré ses à-peu-près sur la Chine, témoignait surtout, par ses prises de position sur l'avenir de

32. Citée *ibid.*

l'Afrique australe britannique, d'un courage évident, compte tenu de l'atmosphère de l'époque en Angleterre.

La même année, une seconde occasion lui est donnée de démontrer son talent et la confiance qu'il a dans son propre jugement. Il s'agit cette fois du grand débat du 13 mai sur les projets militaires du gouvernement, élaborés sous l'autorité d'un membre du cabinet, le secrétaire d'État à la Guerre Broderick, nommé à ce poste en novembre 1900. Nous avions noté, en son temps, la critique fort négative que Winston, dans une lettre à sa mère de décembre 1896, avait faite d'un projet de lord Lansdowne d'accroissement des effectifs de l'armée. Ne voilà-t-il pas que le jeune député voit offrir en mars 1901 à l'examen et au vote du Parlement un nouveau plan de développement des forces terrestres : elles passeraient à six corps d'armée dont trois de professionnels et trois autres d'unités territoriales, les milices, et d'engagés volontaires ; numériquement, il s'agissait de recruter cinquante mille hommes supplémentaires et de prévoir de nouveaux crédits militaires et permanents de l'ordre de trois millions de livres (dix pour cent de l'ensemble des dépenses de guerre, en y incluant les actions en cours à l'extérieur).

Churchill se donne plusieurs semaines de réflexion, au cours desquelles il effectue un voyage en Espagne et à Gibraltar. À son retour, il rode ses arguments au cours de conférences publiques, l'une prononcée à Liverpool le 23 avril, une autre à Oxford quelques jours plus tard. Lorsqu'il intervient aux Communes, il a parfaitement mis au net ses idées et affûté son discours. Ses paroles[33] portent d'autant plus qu'elles sont le fait d'un membre du parti au pouvoir. Elles témoignent à merveille de son talent, mais surtout de son idéologie personnelle et des influences auxquelles il est soumis.

En particulier, il ne manque pas de faire référence à son père, qui, chancelier de l'Échiquier en 1886, s'était opposé, jusqu'à en faire un motif de démission, à l'augmentation des crédits de l'armée. Il n'hésite pas à affirmer qu'il relève, « quinze ans après, le drapeau en lambeaux » brandi autrefois par lord Randolph ; il s'agit d'une cause qu'il a « héritée ». La première phase de la vie publique de Winston, qui durera plus de sept années, commence ainsi en faisant référence aux actes et aux discours paternels. Et, en séance, ses contradicteurs ne s'y trompent pas, qui se moquent des « folles » prétentions de lord Randolph en 1886 et du « désir héréditaire de faire de l'impérialisme bon marché ».

Dans une claire allusion aux besoins de l'Empire, il estime à trois corps d'armée la force indispensable pour mener à bien des campagnes de portée limitée. Et il trouve des accents d'une rare force pour dénoncer toute idée de prendre part à un conflit armé impliquant d'autres États européens :

> « Une guerre européenne ne peut se terminer que par la ruine du vaincu et la dislocation et l'épuisement à peine moins fatals des vainqueurs... Les guerres des peuples seront plus terribles que celles des rois. »

Et il en vient ainsi à reprendre des arguments que nous

---

33. *Ibid.* : le débat de 1901 et ses suites immédiates font l'objet d'un compte rendu détaillé, p. 17-28.

savons mûrir dans son esprit depuis cinq ans. Tout particulièrement, la supériorité navale du Royaume-Uni lui paraît pouvoir garantir la sécurité de l'espace impérial comme la liberté générale des mers et des océans ; elle apporterait au pays un rayonnement et une influence sans pareils dans le monde entier. Faudrait-il les sacrifier « pour offrir au secrétaire d'État, qui en fait son affaire, les jouets militaires coûteux et vains qui lui tiennent tant à cœur » ?

L'attaque frontale menée ainsi par un *backbencher*, un député du rang assis « dans le dos » des leaders de la majorité ou de l'opposition, contre ses chefs politiques vaut à Winston l'approbation la plus chaleureuse des libéraux, et on y verra par la suite l'amorce de son passage à l'adversaire. Ses amis politiques veulent se consoler en rendant hommage au talent oratoire, à la rhétorique, et en espérant que leur jeune collègue jette sa gourme. Winston n'en est pas là : toujours à l'instar de son père, il se voit bien diriger une fraction des conservateurs et des unionistes qui, unis sous sa bannière, réussiraient, comme lord Randolph l'avait tenté mais vainement en constituant son « Quatrième Parti », à infléchir décisivement la politique tory. C'est l'origine d'un groupuscule de jeunes dissidents, Ian Malcolm, lord Percy, Arthur Stanley, lord Hugh Cecil, le fils cadet du marquis de Salisbury ; on les surnommera bientôt les « hooligans », dérivation moqueuse du prénom de Cecil !

Par ses deux grandes interventions, Winston a en tout cas atteint le but qu'il s'était fixé dès le départ : afficher haut et fort ses ambitions, affirmer sa personnalité et sa précoce compétence politique, faire de ses choix publics un atout pour sa carrière en devenant, pour l'un et l'autre des deux grands partis de gouvernement, une carte qu'on chercherait à préserver ou à acquérir ; et, en refusant la dépense, commencer à s'afficher en défenseur du contribuable, riche ou modeste.

Il convient d'arrêter là l'évocation des premiers feux politiques de Winston Churchill. Aller plus loin serait dépasser l'objet de cet ouvrage. Il est permis de risquer, à cet instant, un constat : rarement jeunesse d'un grand contemporain aura autant coïncidé avec une mise sur orbite aussi parfaite.

Épilogue

Le personnage et ses représentations

Au seuil de sa vingt-septième année, il reste à Churchill soixante-quatre années à vivre, quand son père, au même âge, n'avait eu devant lui que moins de vingt ans pour tenter d'imposer sa personne et ses idées ; le fils mourra en 1965, un 24 janvier, étrangement le jour anniversaire de la mort de son père.

Winston est, en 1901, davantage que « le fils de lord Randolph ». Le tout nouveau député d'Oldham semble avoir déjà connu plusieurs vies ; sa jeunesse lui a fait parcourir plus de pays et de continents, écrire une plus grande variété d'ouvrages de qualité, connaître des périls et des gloires plus frappants que l'on ne peut en trouver chez bien des personnages connus, au terme de leur vie. (L'espérance d'âge de la génération de Churchill était, à la naissance, de moins de cinquante ans pour les hommes, guère davantage pour les femmes.) À son extraordinaire et si précoce appétit d'honneurs, d'influence et d'argent a correspondu une constitution robuste, que la pratique du sport et les efforts physiques les plus divers ont entretenue. Ses capacités intellectuelles sont remarquables, et d'autant plus remarquées que la modestie n'est pas le fait du personnage.

Causeur recherché, homme du monde accompli, il n'est jamais timide, protégé par sa naissance aristocratique de tout complexe face à un supérieur hiérarchique dans l'armée, à un leader politique ou à un baron des affaires ; il est un familier des milieux les plus influents de son pays. Il ne doit pourtant qu'à lui-même d'être très tôt apparu comme un entraîneur d'hommes et un semeur d'idées. On serait tenté de peindre son portrait sous les traits les plus flatteurs, n'eussent été son arrivisme forcené, son facile mépris des capacités des autres, une incapacité relative d'écoute de ses interlocuteurs, qu'il considérait aisément comme des caisses de résonance ou des outils d'expérimentation à ses propres déclarations ; il n'est jusqu'aux Communes qu'il ne traite en champ de démonstration de ses compétences davantage qu'en lieu de travail collectif au service de l'intérêt général.

Robert Rhodes James cite[1] la réponse que fit Clement Attlee à la question « Churchill a-t-il été un grand parlementaire ? » qu'on lui posa bien plus tard. « Non, il a été une grande figure du Parlement. » En 1901, Attlee, de neuf ans plus jeune que Churchill, était encore loin d'une carrière politique qu'il amorça en 1922, mais on peut s'attendre, de la part d'un témoin

1. In Blake and Roger Louis, *op. cit.*, « The Parliamentarian, Orator, Statesman », p. 506.

contemporain, à une réponse du même ordre. Pour Churchill, si indispensables que fussent son existence et son rôle, le Parlement avait pour grand intérêt de lui servir de tribune, voire de théâtre, et de lui permettre d'agir individuellement sur l'événement. Le magazine *Vanity Fair*, en légende d'une caricature publiée le 10 juillet 1900, résume avec talent ce qui semble à bien des observateurs constituer la personnalité du jeune homme politique[2] :

> « C'est un type intelligent qui a le courage de ses opinions... Il a la capacité d'écrire et celle de combattre... Il aspire à une carrière politique depuis qu'il est un jeune garçon, et on peut supposer que chacun de ses efforts, aux services de l'armée comme de la littérature, a été déterminé par une arrière-pensée politique... Il a certains traits d'un sportif ; ce qui compte pour lui, c'est d'être pragmatique, non pas de se comporter en dandy ; il est ambitieux ; il a bien l'intention d'aller de l'avant, et il aime sa patrie. Mais il lui sera bien difficile d'être l'esclave d'un parti... »

L'autobiographie de 1930, qui n'évoque sa vie que jusqu'en 1908 hors une fort brève allusion au mariage « si heureux » de l'auteur avec Clementine Hozier, semble bien faire des vingt-six premières années de son existence le tremplin d'un avenir brillant et le socle de ses succès ultérieurs. Pourtant, à la date de la première publication de *My Early Life*, que restait-il de l'ambition de l'ancien apprenti Premier ministre ? Combien devaient lui paraître présente la carrière paternelle et proche le glissement vers la hautaine solitude de l'homme d'État, ancré

2. La caricature par Spy et le commentaire sont reproduits par Randolph S. Churchill, *op. cit.*, I, éd. fr., p. 486-487. Notre traduction diffère sur certains points de celle de l'ouvrage.

dans ses certitudes, et incapable de les communiquer suffisamment aux autres. Un cycle s'était achevé qui, en temps normal, aurait ramené Winston au désespoir d'un certain « ratage » et à la consolation d'avoir, au mieux, égalé lord Randolph.

Les années de formation de Winston Churchill semblent illustrer sa conquête des qualités qui en firent un être d'exception. Comment ne pas voir alors se dessiner en filigrane, dans la jeune silhouette qui déjà s'étoffe, l'homme que Pierre Mendès France, dans son magnifique éloge funèbre, a su peindre en janvier 1965[3] ?

> « Nul ne fut plus Anglais que lui. Par son patriotisme, évidemment, passion brûlante et permanente, allant parfois jusqu'à l'impérialisme, jusqu'à l'égoïsme sacré, mais sans les excès et les mesquineries du chauvinisme vulgaire ou de la xénophobie, et sans aucune concession à la facilité. Puis par son profond attachement aux meilleures traditions de la liberté politique et du droit. Et encore par ses goûts, son style, sa culture, ce tempérament impétueux et magnanime qui semblait se complaire à ramener en ce siècle l'image d'un haut baron fougueux et loyal de la vieille Angleterre. Nul ne fut plus Anglais, surtout parce qu'à personne il n'a été donné d'incarner si complètement la magnifique résolution de la Grande-Bretagne, lorsqu'il lui faut affronter une épreuve décisive de son destin. »

De l'Inde à l'Afrique australe en passant par l'Égypte, pour en arriver au champ de bataille électoral et parlementaire, les étapes de la jeunesse de Winston paraissent témoigner de

3. *Le Monde*, 26 janvier 1965. L'auteur remercie M.R. Lanzenberg, producteur pour La Cinq-Arte d'une série d'émissions sur Churchill, de lui avoir communiqué ce texte.

la justesse d'un portrait pourtant postérieur de plus de soixante ans.

Mais, précisément, à trop songer au rôle irremplaçable de Churchill au cours de la Seconde Guerre mondiale, on risque de faire de sa vie antérieure une hagiographie. À l'étonnement, souvent admiratif, que suscitent les années de jeunesse, il n'est pas inutile d'ajouter un certain nombre de considérations qui, replaçant Winston dans son temps, obligent à relativiser nombre de jugement sur le temps de sa formation.

Sans ses qualités propres, nous l'avons dit, sa naissance ne lui aurait pas nécessairement valu des réussites éclatantes. À l'inverse, même d'excellentes aptitudes n'auraient pas permis, en cette fin d'époque victorienne, à un jeune roturier de réussir aussi rapidement en disposant d'autant de facilités. Il a été un enfant élevé dans un cocon protecteur, un adolescent et un jeune homme introduit dans les cercles les plus fermés de l'élite, il a bénéficié de possibilités éducatives refusées au plus grand nombre, il n'a jamais cessé de pouvoir recourir à de puissants appuis quand il ne comptait pas sur ses proches pour intercéder en sa faveur.

Il a choisi son parti et sa circonscription en fonction de ses intérêts et, élu d'une circonscription industrielle, il le doit à un discours soigneusement élaboré et dont les thèmes ne sont pas sans rappeler le paternalisme des « meilleurs » des classes supérieures s'offrant à guider les « moins capables » des classes inférieures. Lui-même détaché des choses de la religion, il a pourtant côtoyé, parmi ses proches, les membres d'une élite conquise par un évangélicalisme appliqué, visant à transformer la soumission résignée des classes inférieures en élan d'amour, et entendant obtenir cet amour en transformant les « bien-nés » en modèles individuels toujours plus parfaits : ils recherchaient « la sanctification de la traditionnelle prétention de l'aristocratie au leadership[4] ». La conviction de Winston d'embrasser un destin naturel de meneur d'hommes ne doit-elle pas quelque chose à une version laïcisée de cette théorie ?

Son triomphe de 1900, l'écho fait à ses premières interventions aux Communes s'expliquent en grande partie par sa position dans la société. Il n'est à coup sûr pas un « fils du peuple » et, dès le départ, il adopte le grand principe de l'élite politico-sociale : « Tout (ou beaucoup) pour le peuple, le moins possible par le peuple. » Son caractère a été forgé dans le moule réservé aux enfants des riches et des puissants. Le goût de la chose militaire et l'ardeur à se battre témoignent de la pérennité de traditions qui, en 1914, feront des fils de la gentry et de l'aristocratie les premiers et courageux volontaires enrôlés dans les armées. Leur groupe social est celui qui, proportionnellement, aura versé le plus de sang sur les champs de bataille[5]. David Cannadine n'éprouve aucune hésitation à classer Winston parmi les recrues aristocratiques des nouveaux gouvernements libéraux formés par Campbell-Bannerman, puis Asquith à partir de 1905[6].

Les grands thèmes auxquels Churchill a donné son adhésion et même ses comportements dans la vie en font un victorien : il en est ainsi de son attachement à l'éclat de la

---

4. Kathryn Tidrick, *Empire and the English Character*, Londres, Tauris, 1992, p. 4.
5. Sur ce thème, les réflexions critiques de David Cannadine, *The Decline and Fall of the British Aristocracy*, Yale UP, 1990, p. 35-87.
6. *Op. cit.*, p. 209.

Couronne et à la grandeur de son pays, de son sentiment de la supériorité de la « race anglo-saxonne » sur toutes les autres populations du globe, mais également, sur le plan privé, de sa retenue, que nous avons relevée, en matière de relations sexuelles.

L'arrivisme forcené de notre héros conduirait à le ranger dans le groupe composite des bourgeois et des aristocrates de son temps, ces derniers désormais gagnés, dans les institutions d'éducation communes aux élites, à la fascination de l'or et de la puissance. Mais il met sa soif d'enrichissement au service d'un seul objectif : parvenir aux plus hauts échelons d'une carrière militaire ou d'une carrière politique, à l'exclusion de toute autre, ce qui le rend à son groupe social originel. Quant à son dynamisme, il pourrait constituer pour partie la réponse plus ou moins consciente à un état dépressif récurrent, dont l'expérience de sa captivité chez les Boers a révélé le symptôme[7].

Sa culture doit beaucoup à un programme de lectures qu'il s'est lui-même défini, et elle est indéniable. Mais elle semble avoir fait fi des grands débats philosophiques, sociologiques et éthiques qui agitent l'Angleterre des héritiers de Darwin, des contemporains de George Bernard Shaw et de toute une pléiade d'intellectuels socialistes, des apôtres du christianisme social comme des chercheurs, si divers, de nouvelles formes de spiritualité. Il est significatif que son ralliement à un programme de réformes sociales soit lié, au début

7. Anthony Storr, in A.J.P. Taylor ed., *Churchill, Four Faces of the Man*, Londres, Penguin, 1973, p. 204 sq.

du siècle, à la nécessité empirique de sauver la qualité physique de la « race ».

Ses références littéraires ou philosophiques le rangent parmi les hommes de tradition, et il en sera conscient et fier. Pourtant, elles le préparent mal à affronter les bouleversements du premier tiers du XXe siècle, et la passion excessive qu'il déploiera contre le bolchevisme et les « rouges » en Angleterre dans les années 1920 sera, au-delà des stratégies électorales, le fruit de son incompréhension à l'égard d'agitations sociales même raisonnables ; aucune contestation « niveleuse » ne devait menacer les hiérarchies qu'il croyait nécessaires.

Que dire de son impérialisme, jugé désuet par ses propres amis politiques au début des années 1930 et qui prolonge simplement des certitudes tôt constituées en dogmes ?

La fermeté et l'entêtement feront la gloire du chef de guerre après l'armistice français de juin 1940 et contribueront alors à sauver le monde libre. Ces traits apparaissent aussi comme autant de défauts dans les temps ordinaires. Si le jeune homme d'État de 1901, au seuil de sa carrière, a pu faire de sa force de caractère et de son réalisme intelligent des arguments convaincants, le Premier ministre de 1945 aurait pu voir dans sa défaite aux élections générales moins le résultat de l'ingratitude que la condamnation d'une rigidité tôt acquise.

Ce n'est pas rabaisser l'un des géants de notre siècle que de souligner les failles du personnage et de refuser que le piédestal si amplement mérité soit transformé en un autel à la gloire d'un individu qui, en toutes circonstances, aura été providentiel.

L'Empire britannique sous le règne de Victoria *(en 1897)*

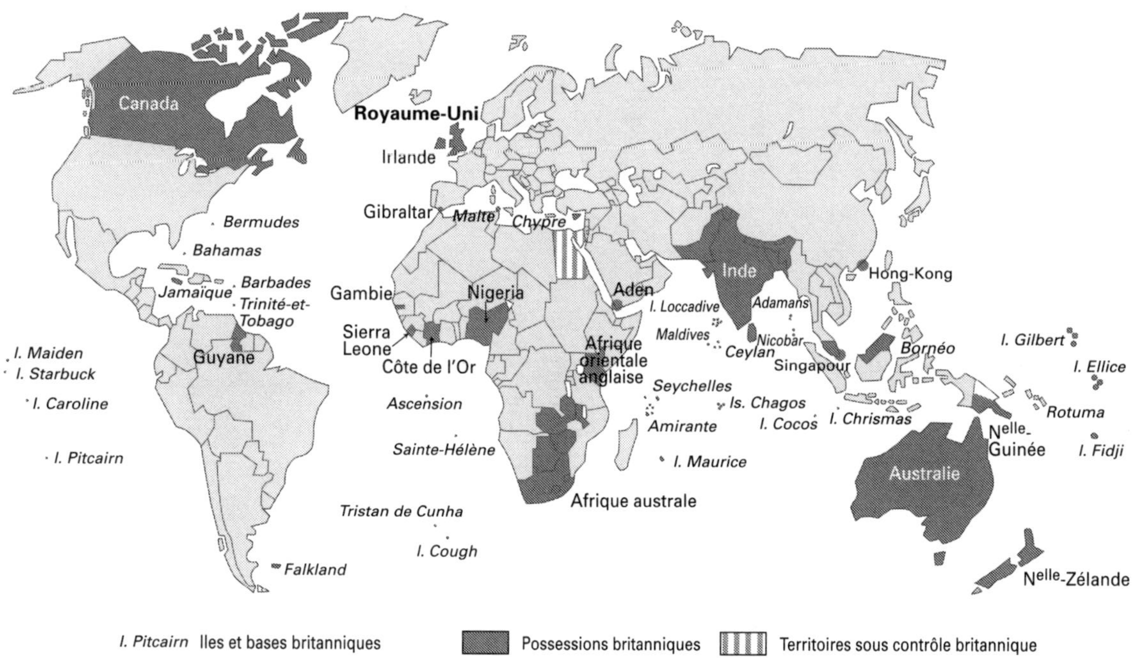

© Cartographie N. Jacques

D'après T.O. Lloyd, The British Empire 1558-1983, *Oup, 1984, 226.*

Chronologie

1837-1901
Victoria, reine du Royaume-Uni.

1874 30 novembre
Naissance de Winston Spencer Churchill à Blenheim.

1876
Victoria, impératrice des Indes.

1877-1880
Séjour de la famille Randolph Churchill en Irlande.

1880 Février
Naissance de John (« Jack »), frère de Winston.

1881
Mort de Benjamin Disreali, comte de Beaconsfield.

1882
Début de la scolarité élémentaire de Winston à St. Jame's.

1885
Randolph Churchill à la tête du « Quatrième Parti » aux Communes.

1886 Août-décembre
Randolph Churchill, chancelier de l'Échiquier.

1887
Jubilé d'or de Victoria, Conférence coloniale à Londres.

1888
Winston entre à l'école de Harrow.

1893
Winston intègre l'école d'officiers de Sandhurst.

1895 24 janvier
Mort de Randolph Churchill.
Winston nommé au 4e hussards.
Juin
Joseph Chamberlain secrétaire d'État aux Colonies dans le nouveau cabinet Salisbury.

Octobre-décembre
Voyage de Winston aux États-Unis et à Cuba.

1896 **Octobre**
Premier séjour de garnison aux Indes.

1897
Jubilé de diamant de Victoria.
Deuxième Conférence coloniale.
Début du programme allemand de création d'une grande flotte de haute mer.
Septembre
Winston prend part à l'expédition de Malakand.

1898
Mort de William E. Gladstone.
Publication de *The Story of the Malakand Field Force.*
Septembre
Bataille décisive d'Omdurman et conquête du Soudan.
Crise de Fachoda avec la France.

1899
Dernier séjour et départ de l'Inde. Démission de l'armée.
Juillet
Défaite de Churchill à l'élection partielle d'Oldham.
Publication de *The River War.*
Octobre
Début de la guerre des Boers. Embarquement de Churchill pour l'Afrique du Sud.
Novembre
Winston prisonnier des Boers.
Décembre
Évasion de Churchill.

1900
Publication de *Savrola*, de *London to Ladysmith via Pretoria*, de *Ian Hamilton's March.*
7 juillet
Départ définitif d'Afrique du Sud.

Octobre

Élections générales « kaki », Winston élu député unioniste d'Oldham.

1900 (décembre) - 1901 (fin janvier)

Tournée aux États-Unis et au Canada.

1901 22 janvier

Mort de Victoria, avènement d'Édouard VII.

28 février

Maiden speech de Churchill aux Communes.

1902 31 mai

La paix de Vereeniging marque la fin de la guerre des Boers.

1904

Winston Churchill passe au parti libéral.

1906-1916

Cabinets libéraux, sous Campbell-Bannerman, puis Asquith.

1906-1908

Député libéral de Manchester.

1905-1908

Sous-secrétaire d'État aux Colonies.

1908-1922

Député d'Epping.

1908-1910

Ministre du Commerce.

1910-1911

Ministre de l'Intérieur.

1910-1936

George V, roi-empereur.

1911

Réforme parlementaire, réduction du pouvoir des lords, indemnité parlementaire.

1911-1915

Premier lord de l'Amirauté.

1915

Chancelier du duché de Lancaster (ministre sans portefeuille).

1916

Lieutenant-colonel, commandant le 6e Royal Scots Fusiliers en France.

1916 décembre

Lloyd George constitue un cabinet d'union nationale.

1917-1919

Ministre des Munitions.

1918

Loi électorale, suffrage universel des hommes, suffrage des femmes à partir de trente ans.

1919-1921

Ministre de la Guerre et de l'Aviation.

1919

Traité de Versailles et création de la SDN.

1921

Ministre de l'Aviation et des Colonies.

1921-1922

Ministre des Colonies.

1924-1945

Député conservateur d'Epping.

1924-1929

Chancelier de l'Échiquier.

1928

Égalité civique des femmes et des hommes.

1929-1931

Cabinet travailliste sous Ramsay MacDonald.

1930-1935

Conférence de la Table ronde sur l'Inde, désavouée par Churchill.

1931

Statut de Westminster et création du Commonwealth britannique des nations.

1931-1939

Gouvernements successifs d'union nationale.
Churchill *backbencher* conservateur.

1936

Édouard VIII roi.
Churchill le soutient dans l'affaire de son mariage avec une divorcée. George VI roi (décembre).

1938

Churchill à la tête de l'opposition à l'*Appeasement*, attaques vigoureuses contre le Premier ministre Neville Chamberlain à l'occasion de Munich.

1939-1940

Premier lord de l'Amirauté dans le cabinet Chamberlain ; opération de Narvik.

10 mai 1940 - juillet 1945

Premier ministre d'un gouvernement d'union nationale, puis (mai 1945) d'un cabinet conservateur d'administration des affaires courantes.

Juillet 1945

Défaite électorale, venue au pouvoir des travaillistes sous Clement Attlee.

1945-1964

Député de Woodford.

1946

Discours de Fulton.
Churchill dénonce le « rideau de fer ».
Discours de Zurich : « Europe, unis-toi ! »

1947

Indépendance de l'Inde et du Pakistan.

1948

Président du Mouvement européen britannique, en faveur d'une Europe unie (congrès de La Haye).

1950

Naissance d'un Commonwealth des nations multiethnique et multilinguistique.

1951 Octobre

Victoire conservatrice, Churchill Premier ministre jusqu'en 1955.

1951-1964

Succession de cabinets conservateurs.

1952

Mort de George VI, avènement d'Élisabeth II.

1953

Cérémonies du couronnement.
Churchill fait chevalier de la Jarretière.

1954

Churchill se laisse convaincre par Eden d'élargir l'UEO à l'Allemagne et à l'Italie et de lier structurellement la Grande-Bretagne aux décisions militaires de l'organisation.

1955

Se retire du pouvoir et cède sa place à Anthony Eden.

1960-1965

Grande ère de la décolonisation, élargissement du Commonwealth aux nouvelles nations souveraines.

1961 août

Le cabinet MacMillan engage le Royaume-Uni sur la voie de l'adhésion à l'Europe communautaire.

1959-1964

« Père de la Chambre des communes » en 1964, Churchill aura été député pendant soixante-deux ans, dont quarante sans interruption après la brève éclipse de 1922-1924.

1964

Retour des travaillistes au pouvoir.

1965 janvier

Mort de Churchill, funérailles nationales.

Bibliographie

Les publications concernant Winston Churchill et son temps sont trop nombreuses pour être citées toutes ou même sous la forme d'une sélection acceptable. On ne trouvera donc ici que quelques titres.

Les écrits mêmes de Churchill (en particulier)

My Early Life, 1930, Fontana, 1959.

The Story of the Malakand Field Force, An Episode of Frontier War, 1898.

The River War, An Historical Account of the Reconquest of the Sudan, 2 vol., 1899, Londres, Prion, éd. abrégée, 1977.

Savrola, A Tale of the Revolution in Laurania, 1900 (trad. fr., Paris, Éditions du Rocher, 1948).

London to Ladysmith Via Pretoria, Londres, 1900.

Ian Hamilton's March, Londres, 1900.

Lord Randolph Churchill, New York, 2 vol., 1906, Londres, 1 vol., 1907.

À compléter par le recueil de ses correspondances de guerre :

Fred Woods ed., *Young Winston's Wars : The Original Despatches of Winston S. Churchill, War Correspondent, 1897-1900*, New York, 1972.

Et, entre autres publications du petit-fils de sir Winston, les très nombreux documents originaux rassemblés par Randolph S. Churchill dans les deux premiers volumes de sa biographie,

Winston S. Churchill, Londres, Heinemann, 1966, rééd. Minerva, 1991, trad. fr. Paris, Stock, 1968.

Quelques biographies ou études critiques :

La meilleure approche : Martin Gilbert, *Churchill : A Life*, Londres, Heinemann, 1991, Minerva, « Mandarin Paperback », 1992.

En trad. fr. William Manchester, *Winston Churchill, I/ Rêves de gloire : 1874-1932*, Paris, Laffont, 1985.

Keith Robbins, *Churchill*, Londres, Longman, 1992 (brillante mais courte synthèse de ce qui est connu).

Robert Rhodes James, *Churchill : A Study in Failure, 1900-1939*, Londres, Weidenfeld & Nicolson, 1970, Pelican Books, 1973, Penguin Books, 1981, provocante étude critique, mais peu concernée par les jeunes années.

Robert Blake and Wm. Roger Louis ed., *Churchill : A Major New Assessment of his Life in Peace and War*, New York, OUP, 1993, Oxford, Clarendon Press, 1996, indispensable recueil de vingt-neuf contributions.

Et, bien entendu, la remarquable biographie, déjà citée, publiée par Randolph S. Churchill.

Biographie de l'auteur

Roland Marx est professeur d'histoire et de civilisation de la Grande-Bretagne à la Sorbonne (Paris-III).

Spécialiste du monde britannique, il lui a consacré depuis une trentaine d'années de très nombreux ouvrages, articles et communications scientifiques. On citera notamment :

- **Aux éditions Armand Colin :** *Histoire de la Grande-Bretagne*, 3e éd. 1992 ; *La Révolution industrielle en Grande-Bretagne*, 2e éd. 1992 ; *L'Angleterre de 1914 à 1945*, 1993, 3e édition 1998 ; *L'Angleterre de 1945 à nos jours*, 1991 ; *La Société victorienne* (en coll. avec Monica Charlot), 1979 ; *L'Angleterre des révolutions*, 1972.
- **Aux éditions Fayard :** *Histoire de l'Angleterre*, 1993 ; *Victoria et son temps*, à par. 2000.
- **Aux éditions Hachette :** *La Vie quotidienne en Angleterre au temps de l'espérance socialiste*, 1982.
- **Aux éditions Masson :** *La Grande-Bretagne et le monde au XXe siècle*, 1987.
- **Aux Presses universitaires de France :** *La Société britannique de 1660 à nos jours*, 1981 ; *Religion et société en Angleterre de la Réforme à nos jours*, 1978 ; *Histoire générale de l'Europe, III-1789-1848*, 1980.
- **Aux éditions Bauchesne :** *Eamon de Valera*, 1990.
- **Aux éditions Ophrys :** *De l'Empire au Commonwealth, 1850-1994*, 1994.
- **Aux éditions Autrement :** a codirigé avec Monica Charlot l'ouvrage sur *Londres, 1851-1901*, dont il a rédigé plusieurs contributions, coll. « Mémoires », n° 3, 1990.

Ses recherches et enseignements actuels portent surtout sur la société victorienne, l'Empire-Commonwealth et les relations internationales du Royaume-Uni.

Table des matières

Déjà parus dans la même collection

Le dalaï-lama
par Claude B. Levenson

Mandela
par Jean Guiloineau

Ben Gourion
par Pierre Haski

Jean-Paul II
par Alain Vircondelet

Staline
par Jean-Jacques Marie

Trotsky
par Jean-Jacques Marie

John Kennedy
par Claude Moisy

Richard Nixon
par Claude Moisy

Franco
par Bartolomé Bennassar

Mao
par Nora Wang

Achevé d'imprimer en décembre 1999 sur les presses de l'imprimerie Corlet
à Condé-sur-Noireau (Calvados) pour le compte des Éditions Autrement,
17, rue du Louvre, 75001 Paris. Tél. : 01 40 26 06 06. Fax : 01 40 26 00 26.
N° d'imprimeur : 40462. ISBN : 2-86260-970-6.
Dépôt légal : 1er trimestre 2000.